わが社の「絶対に失敗できない製品開発」で、

安全・納期・コストを
95%以上で
必ず
成立させる法

今成邦之 Imanari Kuniyuki

エベレスト出版

まえがき

本書は、「この製品開発は絶対に失敗できない」、あるいは「何としても成功させたい」と考えている開発責任者、および「複数の製品やサービス開発案件を抱えていて、それらの成功確率を飛躍的に高めたい」と望んでいる事業部長クラスの方々のために書きました。

本書の最大の特徴は次の2点に集約できます。

第1は、企業における製品開発が失敗するパターンを明らかにした点です。製品開発には、「成功と失敗を分ける境目」が厳然と存在し、それを超えたか超えてないかで、開発や製品の未来が決まってしまうことを、事例を交えつつ、分かりやすく解き明かしました。

第2は、この「成功と失敗を分ける境目」を乗り越えて成功するための具体的な視点、考え方、方法を明らかにした点です。

近年、企業のコンプライアンス不良に起因した問題が増え、コンプライアンスの強化に注目が集まっています。しかし、コンプライアンス問題が起こる発端はほとんど同じです。製品やサービスの開発に関して言えば、発端は必ず、企画か開発の段階において重大なリスクが仕込まれたのを見逃したことに起因します。そして、仕込まれた問題が数年後に発覚した時に、それがコンプライアンス問題に発展するのです。

ですから、この発端を取り除くことにより、その後に起きるコンプライアンス問題の種を取り除くことができるのです。

企業内では、社内審査や場合によっては社外機関による審査も受けながら、製品開発を進めているはずです。それにも関わらず、なぜ、重大リスクが仕込まれてしまったことに気付けなかったのでしょうか？

それは死角があったからです。

本書では、死角が作られるメカニズムを解き明かしながら、重大リスクを見逃さない為の、再現性のある方法と仕組みについて述べています。そして、この方法と仕組みを適用したことにより、実際に企画や開発の成功率を高めた事例を紹介しています。


これからはＡＩの利用が増え、自動化と無人化が加速していく時代と考えます。それは、事故が起きた時の責任の多くが、製品を運用する側から製品を製造し提供した側に移る事を意味します。つまり、製造系・技術系企業の責任が重くなるということです。

たとえば、部品１つ、ソフトウェアコンポーネント１つであっても、そこに仕込まれた不良が事故の主原因であると判明すれば、事故責任が生じるということです。製品が人に身体的な損傷を与えた時には刑事事件となりますが、刑事罰の対象は個人です。
もし、あなたが刑事罰の対象となり、しかも有罪になったならば、会社はあなたをクビにせざるを得ないでしょう。怖がらせるつもりはないのですが、本書はそのような事態を回避するための書でもあります。

本書は、製品開発の責任者、あるいは開発案件を複数かかえる事業管理者のための書籍ですが、成功率を高めるための法則を明らかにしたことにより、製品だけでなく、それに付随するサービス開発の責任者やその管理者、更には両者を束ねる経営者にも参考にしていただけると思います。
いずれにせよ、開発の最前線で悩みつつ奮闘しているリーダー層にとって、本書が前に進むための道標のような役割を担うことができれば幸いです。

２０２４年３月

今成邦之

目次

わが社の「絶対に失敗できない製品開発」で、
安全・納期・コストを95％以上で必ず成立させる法

第1章

絶対に失敗できない
巨大プロジェクト
危機からの脱出

多くの企業が製品企画の段階で間違えている

製品開発における成功と失敗の分かれ道

本書は、「製品開発の成功率を飛躍的に高めるための、製品企画・開発の進め方」として、書き下ろした書籍です。

いわゆる一般のビジネス書とは一線を画し、技術系企業と製造系企業における製品企画、開発の責任者（プロジェクト・マネジャ）と、その上司であって複数プロジェクトを管理すべき立場にいる部門長、事業部長層を対象とした実務実践の書です。

私は、35年以上にわたって、総勢数千人の関係者と関わりながら、人命に直結する製品の企画・開発に携わってきました。具体的には航空機産業です。

製品の一部分である部品やモジュールを担当する立場から製品全体をまとめる責任者の立場、さらには、複数のプロジェクトを管理する立場も経験しました。従って、製品企画・開発の責任者やその管理者にいかなる喜び、不安、苦しみが待ち構えているかを熟知しています。

20世紀の日本の製品は高品質が売りであり、機能不全、性能不良、品質不良、ましてや安全性が話題になることは殆どありませんでした。しかし、21世紀に入った辺りから少しおかしくなってきました。

製品開発のとん挫はもちろん、製品を市場投入した後に性能不良や品質不良が判明する、あるいは人命に影響する事故を引き起こし、会社が潰れるという場合まで出てくるようになりました。

このような状況は社会や企業にとって大きな問題ですが、ひとりの人間として見た時、最も苦しい思いをするのは誰でしょうか。それは製品企画・開発の責任者です。なぜなら、顧客と会社の両方からのプレッシャーで板挟みとなり、押し潰されそうになるからです。時にはプレッシャーに耐えられなくなる人も出てきます。私自身も苦しんだ経験があるのでよく分かるのです。

本書は、技術系企業において、製品企画、開発の責任者として活躍したい人のために、その具体的な方法を解説するものです。故に、本書を手にされた方は、少なからず、「成功する製品企画づくり、あるいは製品開発の成功確率を高める方法や組織づくり」を意識されているはずです。

「成功する企画や仕組みを作りたい」と思っていても、進む方向性や重点を置くべき事が間違っていたら、思いとは異なる結果になってしまいます。

ここでみなさんに質問があります。

「製品開発の途中で大きなトラブルが発生し、開発が中止になってしまった。最も大きな原因は何か?」です。

様々な回答が出てきそうですが、最もシンプルな回答は、「製品企画の段階でトラブルのタネが仕込まれていた」というものです。問題が起こる開発の9割以上がこのパターンに入ります。

技術に詳しくない友人Tとこの話になった時、彼は次のように問うてきました。

「製品開発は始めが肝心というわけだな。それはよく分かる。何でもそうだよな。でも、なぜ、製品企画から開発に移る段階でトラブルの種を見つけられなかったんだ。企業では開発を開始する前に審査をしたのだろう?」

的を射た反応です。

「まったくその通り。どこの企業も、社内でその手の審査を必ずやっているよ。加えて社内の品質マネジメントシステムが有効に機能しているかどうかを確認するために、社外の審査機関まで入ってチェックしている。

この社外審査は世界中に広まっている。多くの製造業ではISO9000を、航空機の場合は一段審査が厳しいＡＳ９１００や１３１００の認証を取る必要がある。その認証を受けないと実質的に仕事にならない」

するとＴはより深い質問をしてきました。

「詳しくは知らないが大まかには知っているよ。でもね、最近の新聞を読むと、大きな立派な企業の製品なのに初歩的とも思える製品不良とかトラブルが結構たくさん出てくるよな。それって、社内の審査だけでなく、社外の審査までやっても見逃されたってこと？」

「そういうことになる。社内審査では製品の技術や生産は当然としてアフターサービスも含めてその内容を審査している。社外審査であるＩＳＯ９０００の審査では、『企業が自分で決めた業務プロセスを決めた通りに実施しているか』が審査される。決めた通りに社員が仕事をしているかどうかが重要であり、審査の内容の妥当性は確認していない」

「今成、それはつまり、形式的な審査は実施しているが、製品の企画や開発の実質的な所については、社内審査も社外審査も適切に機能していないということだな？」と核心を突いてきました。

「そのとおり。開発や市場でトラブルがいくつも出てくるならば、それは審査で何かが見落とされたということだ。

ずっと航空機の仕事をしてきたがこの産業はトラブルにシビアだ。空を飛ぶモノが墜落すると人命が失われるからだ。だから、製品の審査では故障はもちろん、顧客が運用している時に生じる危ない要素（『リスク』と呼ぶ）を見逃さないため、少し面倒ではあるが、特別の仕掛けを組み込んで対処している」

私がこう答えると、Tが言いました。

「ならば今成、航空機で使われている特別な仕掛けを、他の製品にも適用すればいいじゃないか」

そうなのです。私がこの仕事を始めようとしたきっかけは、まさにこの友人との会話から始まったのです。ですから本書は、製品企画の進め方や審査方法を改善することにより、開発段階に入ってから苦しい状況に陥るのを防ぐことに主眼を置いているのです。

さて、製品企画の方法については、色々な教科書が出ています。これらの方法は過去において、一定の成功を納めてきたのですから、多くの長所を持っています。しかし、長年、航空産業に身を置き、人命に直結する製品開発に携わってきた目で見ると、1つ大事な事が欠けています。

企画段階に仕込まれたリスクがその後の運命を決める

私はこれまでに多くの製品、それも人命に直結する製品の開発に関わってきた、と申し上げました。管理者になった後、さらにはアドバイザーやコンサルタントとして、製品の審査や相談に関わるようになった際、とくに重視していたことがあります。

それは、まず、「この製品を使った時に起こりえる危うさは何か…」ということです。この危うさを私は**開発リスク**あるいは単に**リスク**と呼びます。

技術系企業、製造系企業の製品では、まず、製品の設計、生産、あるいは、顧客が製品をしばらく使った後に必要となるアフターサービスに関わるリスクを考えます。

実際の事業で注意すべきは、仮に技術リスクであっても、技術の分野だけに留まらず、必ず、他の分野のリスクに波及します。何がどう波及するかについては、後の章で詳しく話します。ここでは話をシンプルにするために、技術的なリスクに話を絞ります。

「なぜ、製品企画の段階において、大きな技術リスクが仕込まれてしまうのか」という根源的な質問を考えてみましょう。製品企画、開発の責任者ならば必ず考えている話ではあるのですが、大事なことなのでここで少し詳しく説明します。

製品企画の教科書では、「顧客は、この製品に何を求めているのか？ 顧客は当社の製品のどこに価値を感じてくれるのか？」といった顧客価値に重点を置いて検討します。顧客価値が重要なことは言うまでもありません。

問題は、同じ顧客に対して、大抵、競合する他社が存在するということです。そのため、製品企画の責任者は、「自社の製品を選んでもらうには、他社よりも高い価値を提供しなければならない」と考えます。そして、様々な新しいアイデアや新しい技術を盛り込んで、競争相手に勝とうとし、背伸びを始めます。

「競合他社に勝ちたい、少なくとも負けたくない」と思うのは、企業の人間として自然です。ただ、その気持ちが強くなりすぎると、顧客が気に入ることを何でも取り入れようとして、新しい設計、新しい技術をいくつも盛り込み、「よし。これで勝てる」という案が出来上がると、今度はそれらをすべて実現できるという前提で企画を作り始めます。

顧客の興味を引く企画、自分が思い付いた面白い企画であればある程、人は思い入れが強くなります。そして、大きく背伸びをしてでも実現しようとします。

背伸びは、企業にとっても個人にとっても成長するために必要なことです。とは言え、背伸びをしすぎて限界を超えてしまうと、途端に様々なトラブルに見舞われ始めます。皆さんにもこのような経験があるのではないでしょうか。自分の限界は比較的分かりやすいですが、他人の限界はどうですか。分かりにくいですよね。

では、たくさんの人がいる組織があり、それぞれ役割が異なる部署が複数集まって構成された企業の限界はどうですか。かなり複雑であり、簡単にその能力の限界を見極める事など出来ないですよね。そう、**『企業の限界を見極めるのは非常に難しいこと』**なのです。

今日、人材スキルの重要性が認識され、特に投資家から開示せよという要求が強まってきました。ジョブ型雇用に移行する企業も出てきました。製品開発においても人材スキルは非常に重要です。

しかし、優秀な人材は希少な存在であり少数しかいません。製品プロジェクトが少数の中小企業であれば、優秀な人材が数人いればそれで良いかもしれません。しかし、複数の製品プロジェクトを持つ中堅企業、大企業では明らかに不十分です。

平均レベルのチームでも、製品開発プロジェクトを成功に導くのがマネジメントにおける本来の目標です。

そういう意味で製品開発においては、人材スキル以上に重要なことがあります。それは、企画、開発の各段階における製品の状態であり、本書ではこれを『製品成熟度』と表現します。

『製品成熟度』とは、製品のコンセプト、顧客価値、それを実現するための設計技術、要素技術、生産システム、アフターサービス提供システム、およびビジネス条件などが、ある一線を越えたかどうかを示す指標です。

ある一線とは、成功と失敗を分ける境界線です。この境界線は一定の幅を持ちますが、その下限にも到達できない場合には、どんなに優秀な人材スキルを持つチームを投入しても非常に高い確率で開発は失敗します。

逆に境界線の上限を超えていれば、平均レベルのチームであっても、製品開発を成功に導くことができます。成功と失敗の境目は重要な概念であり、後の章で詳しく述べますが、ここではその前提となる開発リスクの話をしていきます。

企業において、製品企画から開発に進む時には審査があると言いました。企業は営利を目的としているので、まずは、売れるかどうか、儲かるかどうかが最も重要であり、ここは厳しくチェックされます。そして、製品開発に進んだ際のリスクについても、一通りは審査されます。

しかし、先ほど述べたように、組織の限界、企業の限界は、特別な仕掛でも無い限り、よく分からないものです。一方、企業が生き残るには、あるいは成長していくためには、売れる製品を出し続けなければならないことは誰でも分かります。

その結果、「この企画は売れそうだ。儲かりそうだ」と分かると、「何となく危うい感じはするのだが、何がどう危ないか上手く表現できない。まあ、リスクがはっきりした段階が来たら、その時に止めればいいか」ということで前に進むことになりやすいのです。

でも、少し時間が経過すると、「この製品の開発は絶対に失敗できない。何としても必ず成功させよ！」という状況になってしまうケースが多く、その時に苦しむのが製品開発の責任者や管理者であるあなたなのです。

それ故、**企画段階において、後から大きな問題となりそうなリスクを特定し、そのリスクを下げる計画を立て実行する必要がある**のです。

「そんなこと分かっている。当然だ」と言われそうですが、人命に直結する製品を開発してきた目で見ると、世間で評判の高い立派な企業においてすら、信じられない程の大きなリスクを見逃しています。そして、それを指摘すると、「あっ」と気付くのです。

今の日本において、技術系や製造系の企業の製品でトラブルが頻発するようになったのは、偶然ではなく必然だということです。

あなたも製品開発を成功させることができる

製品企画段階に仕込まれた大きなリスクを特定し、開発を始める前までにそのリスクを下げるのが大事だと聞いて、「理屈は分かったけれど、それが出来ないから困っているんだ」、あるいは、「分業化され、専門用語で会話する人材が集まった組織において、彼らに丸投げする以外に一体どうやってリスクを特定するんだ」という声が返ってくることがあります。

まず、安心していただきたいのですが、先程、製品企画や開発の責任者に重大リスクを指摘すると多くの責任者は気付くと述べました。そう、皆、気付けるのです。「気付ける」ということは、実は「できる素養」を既に持っているということなのです。

技術系企業、製造系企業において、10年、20年と一生懸命に努力してきた人であれば、知らぬ間にものすごい量の暗黙知を身に付けているものであり、それゆえ、指摘されるとリスクに気付けるのです。

これは、製品企画、開発の責任者だけに限りません。企業において製品を支える、各々の分野で活躍している人達にも言えることなのです。

問題は、その素養を見える形にし、使える形にしていないだけなのです。

ですから、企業において製品企画や開発の責任を任された方であれば、高い確率で成功に導く素養があるのです。組織の暗黙知を見える形にすることは、確かに簡単なことではありません。自分自身の努力だけでなく、上司や他部署の支援も必要だからです。

ここで一つご注意いただきたいのですが、時々、「これは、業務プロセスの標準化だな」と勘違いする方がいることです。業務プロセスの標準化は、ベテランでなくてもベテラン人材並の品質でアウトプットを出せるようにすることであり、いわゆる作業のマニュアル化です。

リスクを特定しその危険度を定量化することはマニュアル化ではありません。なぜなら、リスクが発生する根源が仮に同じであったとしても、その現れ方は実に様々で多岐に渡り、全てを網羅的には表現することなど、誰にもできないことだからです。

マニュアル化ではなく、リスクの考え方、リスクを捉える視点が重要なのです。リスクを捉える視点が分かるようになると、これらを具体化できるようになり、更に一歩進むと、『開発段階で問題が生じるレベルか、それとも生じないレベルか』の境目が見えてきます。

そう、これが前述した『成功と失敗を分ける境目』です。

境目といっても前述したように少し幅を持った境界線ですが、その境界線が見えるようになると、次はリスクと顧客価値を秤に掛けながら、時間や予算という制約条件を考慮しつつ、進むべき道を自ら選べるようになってくるのです。

この話をすると、何人かにひとり、表面だけをかじって分かった気になってしまう人が出てきます。そういう人は後で手痛いしっぺ返しを食らっています。面白いのは、専門性が高い人、専門分野に自信のある人ほど、この罠にはまりやすい傾向があることです。

本書を手にされた方は、企業において自分の専門領域で活躍してきた実績があり、それを評価されて製品企画や開発の責任者になられた方々だと思います。

そういう方は、顧客や他の部署にも人脈があり、気付かない間に、彼らの考え方や言葉のニュアンスの違いを自然に認識できるようになっているものです。ここには無形の財産やノウハウが隠されています。別の言葉でいえばある種の直感力です。

刑事ドラマでは、刑事の直感力と科学捜査力のどちらが優れているかが、しばしば主要なテーマとして話が進みます。『直感力』は、過去の経験に基づいて現れてきた潜在意識でありとても重要です。しかし、『直感』だけでは、一緒に仕事をする多くの人を納得させることは出来ません。

直感を上司や同僚や部下にも分かる言葉や基準に変換する必要があるのです。

実際、私が関わったいくつかの製品企画、開発の責任者の方々も、重大リスクに薄々は気付いていたにも関わらず、うまく表現できなかったので、「その疑念に蓋をしてしまった」と言っていました。

その後、企画から開発に移った途端にトラブルが続き、苦しい状況に追い込まれてから、「あの時、もっと適切に指摘できていれば…」と後悔したそうです。

しかし、そういう彼らが「危うい」と感じた直感を具体的な言葉に変換し、開発リスクとして認識し、達成すべき定量的な基準を設定して活動した結果、迷走から抜け出ることができたと言えば、皆さんは驚かれるでしょうか。そう、あなたでも十分に可能なのです。

危機に陥った巨大プロジェクト

ある日の午後、大手メーカの事業部長から電話が掛かってきた

「先生、助けてください」。ある日の午後、以前からお付き合いのあった大手メーカN社の事業部長から電話がありました。

「どうしたんですか?」

「実は、当社で開発中の新製品で深刻なトラブルが起こりまして。その相談をしたいと思い、電話しました」と、その事業部長は苦しそうに応えました。

「ご存じだと思いますが、当社は、トラブルを起こさないようにするために、製品企画や開発の方法や仕組みを提供している企業です。トラブルシューティングを請け負うのは本来の仕事ではないのですが…」

「よく分かっています。ただ、先生は様々なトラブルを扱い、それらを解決してきたご経験がありますよね。今回は、その力をお借りしたいのです。お願いできませんか?」と強く訴えてきました。

無碍《むげ》に断ることもできません。そこで次のように答えました。

「即答できません。まずは、話を聞かせていただけないでしょうか。御社は多数の製品を持っていますよね。どの事業のどの製品で何が起こったのか、まずは最低限の情報をご提供いただけないでしょうか」

「〇〇という製品です。これは、私が管理している製品開発プロジェクトの中で最大の案件なのですが、開発機が試験実施中に壊れてしまったのです。

今、プロマネが中心となって、社内の専門家を集めて検討しています。実績のある手法で設計したにも関わらず壊れてしまったため、どこから手を付けて良いか分からない状態にあるのです」とその事業部長は教えてくれました。

深刻さは伝わりましたが細部は全く分かりません。とは言ってもここから先、具体的な話を聞くには秘密保持契約が必要です。そこで、秘密保持契約を大急ぎで結び、相手先に訪問して詳しい話を聞く旨を約束し、電話を切りました。

電話を切った後、「少し大変かもしれないな」と思いました。

なぜなら、今回の対象製品を直接扱った経験がなかったからです。しかし、類似の製品を扱った経験はありました。さらには人命に直結しない製品でした。

そのため、「話を聞かないと判断できないものの、引き受けられる可能性は十分ありそうだ」と思い始めていました。

人命に関わる製品の開発では製品の安全を担保することが最も重視されます。そのため、ありとあらゆる製品の故障モードを検討することが要求されます。仮に発生確率が小さくても、人命に直結するならばリスクを特定し、企画あるいは開発段階の初期には取り除きます。必要であればそのための実証試験まで行います。

航空機以外の事業の人達がこの話を聞くと、「うちの製品でそこまでやったら過剰品質と言われるか、高コスト体質だと言われてしまう」と反応する人たちが殆どです。しかし、面白いことに、同じ言葉を話しながらもその表情は二種類に分かれます。

一つ目の表情は「そんな面倒な話、勘弁してくれ」というものです。これに対し二つ目の表情は「うらやましい。そこまでやりたい」という、正反対ともいえる表情です。この反応パターンには個人の特性だけでなく企業風土が滲み出てくる場合が多く、意外と重要です。

航空機では墜落が許されないため必要な費用を製品価格に転嫁できるので、前述の様に安全性を徹底的に実証することができます。人命に直結しない、あるいは、人を傷つける危険性が全くない製品ならば、そこまでする必要はありません。

しかし、これからの時代を考えた時、多くの製品において自動化、無人化が進みます。

それもコンピュータ内部のバーチャルな世界ではなく、我々が生活する現実世界においてです。人間は物理的に傷つきやすい生き物ですから、無人で動く硬い製品はすべて凶器になりえることを忘れてはいけません。

また、自動化、無人化が進むことは、法律上の責任問題にも大きな変化を生み出します。ひとことで言えば製品メーカの責任が大幅に増大するのです。

従来、製品運用時に事故が発生した場合、殆どは製品を運用している人や企業の責任になりました。しかし、自動化された製品では、運用者から製品メーカに責任が移る場合が増えます。

仮に貴社の製品が人を傷つけたなら、貴社のどなたかが刑事責任を問われるということです。米国では刑事事件でも司法取引をすることによりお金の問題に変換できるのですが、非常に多額の支払いが求められます。

過去の事例では1000億円規模を支払ったケースもあります。ですから、自動化製品を企画する、あるいは開発する責任者は、従来よりも安全に対して敏感になる必要があるということです。

航空機産業に長年身を置いていると、安全性に敏感になります。そのおかげで、世の中にある製品で起こりえる大抵の故障モードを経験し、その故障を引き起こす原因についても一通り認識し理解できるようになりました。それ故、どんな問題に巻き込まれても、余り驚かなくなるのです。

話をN社に戻します。数日後、秘密保持契約が締結されたので、N社の工場を訪問しました。そこは公共交通機関から離れた場所にあり、電車を降りたあと、タクシーに乗って向かいました。

到着すると、広い敷地の中にいくつもの建屋が見えました。工場の正門には人が待っていました。守衛所の前で体温計測と手の消毒をした後、門から一番近い建物の中にある大きな会議室に案内されました。

会議室に入ると、そこには机と椅子がコの字の形で並べられており、作業着（その企業の制服）を着た多くの人達が座って準備をしていました。前方のスクリーンには説明資料が大きく映し出されていました。スクリーンに近い奥の席を勧められて座ると、本題の話が始まりました。

N社とは秘密保持契約を交わしているため、ここから先の話では、企業名、業種、製品などを特定できないように配慮して説明しますので、その点はご理解願います。また、できるだけ分かりやすくするために、身近な製品に置き換えた比喩を使います。読者については、自分の製品を頭に浮かべながらお読みいただければ、イメージが湧くと思います。

この本を読み進めていただければ分かると思いますが、ほとんどの技術系企業、製造系企業の製品企画、開発は、大きく異なるように見えて実は非常に似ています。ですから、自社製品と異なる分野の製品事例であっても、その細部も含めて完全に理解すると、自社の製品に役立つことが必ず見つかるものなのです。

製品開発におけるトラブルの状況

最初に、この製品の開発責任者であるプロジェクト・マネジャが全体の状況を説明してくれました。この人はスーツに身を固めていましたが、傍目から見てもかなり疲れていることが分かりました。

開発中に問題を起こした新製品は、ある大規模な産業用製品の一部でした。製品システムの一部なのでサブシステムあるいはモジュールと呼ばれます。本書ではモジュールという呼び方をすることにします。

製品がモジュールということは、この製品を買う直接の顧客は製品全体を扱うシステムメーカであり、その先にその製品システムを購入して運用する最終ユーザーがいるという構図です。N社は俗に言う1次下請け、あるいはティア1・サプライヤだということです。

プロジェクト・マネジャの説明によると、新しい製品システムのセールスポイントは、従来製品と比べてその運用範囲が圧倒的に広くなり、幅広い顧客の要求に応えられるようになるというものでした。


『幅広い要求に応える』のが意外と難しいことが伝わるように、身近な製品である計量カップに喩えて少しだけ考えてみましょう。


「大は小を兼ねる」という諺がありますが、大型の計量カップは大量の液体だけでなく少量の液体の量も測ることができます。しかし、この諺には欠点があることに気付きます。大型の軽量カップで少量の液体を測った時には必ず計量の精度が落ちます。液体が水の場合は良いかもしれませんが、医薬品ならば精度の悪化は安全上の問題になるでしょう。それ故、大型の計量カップが競争優位なのは大量の液体を計量する場合だけなのです。

一方、小型の計量カップでは、大量の液体を測るのに何回も繰り返し作業をしなければなりません。一回の計量精度は良いですが、繰り返しによって作業の生産性は落ち、更に繰り返し作業をしているうちにミスが発生して計量精度も落ちるかもしれません。

つまり、少量には小型、中量には中型、大量には大型の計量カップが競争優位になると言うことです。現実を眺めれば、用途毎に最適な製品のサイズが存在しています。1つの製品で幅広い範囲の競争優位を維持できる製品は非常に希だということです。

さて、今回対象の製品システムですが、幅広い用途に使えるにもかかわらず、どの用途においても常に運用コストを低く抑えられるというメリットを持っていました。前述した計量カップに喩えると、大型でも中型でも小型でも使えるのに、どの用途でも必要な計量精度を維持し、しかも生産性も高いということです。優れた製品だと思いました。

このような優れモノなので、世界で競争しても勝てると考えられていました。そして、その製品システムの性能を左右するのが、今回対象のモジュールだったのです。

プロマネが疲れていた、と前に述べました。後で聞いた話ですが、そのプロマネは直接の顧客であるシステムメーカとその先にいる運用ユーザーの双方から、今回のトラブルについて、「至急説明してほしい」と求められていました。

それだけでは済まず、さらに社内の上層部からも「原因を速やかに特定し、今後の事業計画への影響を説明せよ」と催促されていたのです。厳しい立場に追い込まれていたため、疲れを隠しきれなかったのでしょう。

その後、技術統括者の方が、現物の写真を中心にトラブルの状況について詳しい説明をしてくれました。具体的には製品に組み込まれた可動部品が壊れたという事でした。製品がどう壊れたかは写真を見てすぐに理解できました。

「本来の仕事ではないが、この問題ならば経験もあり、手に負えるだろう」と考えました。ただ、ここまでの説明だけでは原因までは分かりません。足りない情報があるからです。

事業部長さんから聞いた話では、顧客の製品システムの運用柔軟性を担保するために、N社のモジュール製品は従来と比べて出力を大きく高めた点にあると聞いていました。

従来製品ではこの種のトラブルは発生しておらず、初めての経験であるとのことでした。また、設計手法は適用実績のあるものを使っており、完全に安心していたとのことでした。

これと同じ話を数回聞いたことがありました。実はよくあるパターンなのです。

トラブルを見極めるために必要なこと

ここまで聞いて、不足している3つの情報を求めました。どれも製品開発において必ず考えるべきことです。最初の2つは当然の質問なのですが、3つ目の質問は意外に盲点となっていることが多い質問でした。

「まず、最初にお聞きしたいのですが、今回の製品は従来と比べて大幅に出力をアップしたという事でした。具体的に、今回と以前とで、製品の出力重量比はどの程度変わりましたか？」

出力重量比というのは、出力を重量で除算した数値のことであり、出力と重量の比です。この数値を聞いた理由は、機械系の製品では出力を高めた時、出力が低い時と比べて構造強度面が弱くなってしまう場合が多いからです。

元の製品の寸法や厚みを単純にスケールアップすれば弱くはならないのですが、機械系の製品で単純スケールアップしてしまうと出力が増える以上に重量が増えてしまうのです。これは物理の法則に由来しており覆すことはできません。ここでは詳しく述べませんし、本筋とは関係ありませんが、「どうしても理解したい」という人がいれば、当社にご連絡をいただければ丁寧に説明いたします。

製品が重くなると運用上に支障が出る場合があり、しばしば軽量化することを求められます。軽量化を行った場合には、相当に工夫をしない限り部品強度や剛性が低下するので、出力を高めた大型製品は一般的に華奢になって壊れやすくなります。

重くなると運用に支障が出るというのは、例えば、自動車のように移動する製品ならば燃費が悪くなる、あるいは走れる距離が減るという形で現れてきます。

据え置いて運用する製品であっても、重くなると問題を生じる場合があります。製品が大型トラックで運べる重さの制限内にあれば一回の輸送で運べるので問題は生じません。しかし、これを超えると一回で運べなくなり面倒さとコストが大きく増大します。

制限以上の重い製品を運ぶには、製品をいくつかのモジュールに分解して運ばなければならないからです。数回に分けるか数台のトラックで運ばねばなりません。その後、現地で組立作業をして製品の形に復元しなければなりません。そのためには組立作業に必要な機材や人材を現地に送り込まなければならないことを意味します。

さらに、現地において製品の出荷試験をしなければなりません。もしも顧客に約束した機能、性能を満たせない場合には分解して工場に持ち帰らなければならないのです。

メンテナンスが必要になった時や故障が発生した時も同様です。検査や修理用の道具が十分整っていない現地で作業を行わざるを得ず、それで不十分な場合には製品を分解してから工場に持ち帰らなければならないのです。なんと面倒なことでしょう。

以上から、大型トラックを使って一回で運べた場合と比べ、作業の面倒さ、製品の価値とは無関係の付加的なコストが多数発生し、製品の運用コストが予想外に高額になります。当然のことですが顧客の不満は高まるでしょう。

そういう訳で、世の中には軽量化したい製品がたくさんあり、その結果、運用中に破損するトラブルも絶えないのです。話を聞いて本件もその類のひとつだろうと推論しました。

そこで次の質問に移りました。

「では次に、破損した可動部品についてですが、運転試験中に、部品そのものか、部品周辺の状態について何か計測をしていましたか？ こわれ方、破壊モードは分かりましたが、材料の限界、材料強度に対して、どれくらいの力が掛かったのかが分かりませんね」

すると技術統括者のWさんは、「実は計測していないんです。これまで問題が起こった事が無かったので計測は必要ないと考えていました。また、この部品は内部の奥深くにある可動部品であり、計測するのが非常に難しく、実際上できないと考えていたのです」と、正直な返答がありました。

予想通りの返答でした。過去に問題が発生していなければ、普通、面倒な計測をしようなどと思う人は僅かです。その結果、計測技術にも注意が行かなくなり、動向にも疎くなってしまうものです。よくあるパターンであり、一概に責められません。

壊れた破面を丁寧に撮影した写真があったので、どのように壊れたのかは明らかでした。しかし、部品を壊す力がどこから来たのか、あるいはその力がどれくらいの強さだったかは計測データを視なければ分かりません。そこで指摘しました。

「今は計測できますよ。アップルがスマートフォンを世に出したのが2008年でした。スマートフォンと機械の内部を計測する通信システムは根本的に同じものです。違うのは、機械内部を計測するシステムでは運用環境が格段に厳しいということだけです。あなたのスマートフォンには、速度、加速度に加えて、温度、圧力等も計測できるセンサが入っていると思います。2010年代の前半には、機械システム内部であっても、大抵の場合、それ以前よりもかなり手軽に計測できるようになりました」

加えて言いました。

「御社の取引先の企業の方が、この製品に使えそうな計測の解説記事を書いていたのを見たことがあります。あとで相談してみたらいかがですか?」

技術統括者のWさんは「えっ」と驚いた顔をしましたが、すぐに「貴重なアドバイス、どうもありがとうございます。早速、その企業の関係者に尋ねてみます」と返答しました。

そこで、最後の盲点になりやすい3つ目の質問をすることにしました。

既存製品の後継機を開発する時の盲点

「Wさん、実績のある設計技術を適用したと聞きましたが、その実績がどういうものか、具体的に詳細を教えていただけないでしょうか。**実績の範囲にあると思っていたが、実は、実績を逸脱した設計や製造になっていた事例をたくさん見てきたからです**」

こう言うと、Wさんの顔色がさっと変わりました。どうやら、『実績』という言葉を軽く扱っていたことに気付いたようでした。

そこで、さらに付け加えました。

「既存の設計法を実績の範囲を超えて使用した場合、製品にも依りますが、技術リスクが大幅に上がってしまうことが多いですね。重くすることが許される製品ならば、既存の設計法で解決策を見つけられるでしょう。しかし、**どうしても軽量化が必要だとすると、設計法そのものを見直す必要が生じます**」

技術統括者のWさんは青くなったまま固まってしまいました。

大手メーカ、実績のあるメーカである程、過去の製品開発で成功した設計法は重宝されて社内標準となり、あたかも万能なツールであるがごとく扱われる傾向があります。設計標準は間違いなく重要ですが、それを万能と思い込んでしまうと足をすくわれることがあるのです。

既存製品を更新する新製品であっても、他社との競争があるので、必ず、既存のモノを越える顧客価値を付加する必要が生じます。そのため、どこかに無理が生じてしまうことのです。

が多いのです。その結果、部分的に既存の設計法の適用範囲を超えてしまうことが起こり

既存技術の適用範囲を超えると何が起こるか分かりません。正直な話、運まかせとなります。ただ、この運まかせ勝負は負ける確率が高いようです。なぜなら、既存の設計法が良いものであればある程、問題が発生しないギリギリの所で設定されているからです。

にもかかわらず、社内の技術審査、設計審査では実績のある技術、設計法を使っていることが根拠となり、審査をすり抜けてしまう場合が多いのです。本件も製品企画から開発に移行する審査においてチェックをすり抜けた事例と言えます。

このように窮地に陥ってしまったN社ですが、そこからどう抜け出していったか、さらには、失敗を糧にしてどう強い企業に変わっていったかを見ていくことにします。

危機からの脱出

現実が明らかに

N社は、その後、当社アドバイスに従って、他社の計測技術の専門家に相談されました。その結果、壊れた部品に働く力を計測することが可能だと判明し、早速、その他社と契約を結び、チームに引き込んで準備を整え、調査試験を実施しました。

その結果、材料強度を大きく上回る力が掛かっていたことが分かりました。ただ、意外だったのは、モノを壊す大きな力は1種類だけではなく、複数の種類があったことでした。これは相当に複雑な状況になっていることを意味していました。具体的な数字は記載できませんが、仮に3つの要因があったということにして話を進めます。

3つの要因のうち、N社の技術的経験から2つは容易に特定でき、既存の設計技術でも解決できる問題であることが分かりました。しかし、残る1つはこれまでに経験したことのない要因でした。

その要因を封じ込めるには、既存の設計技術では対応できず、基礎試験に戻ってデータを取得し、そのデータに基づいて新たな設計法を構築する必要がありました。

しかし、顧客である製品システムメーカは急いでいました。最終ユーザーが日程遅れを決して許さなかったからです。基礎的な実験をして、新しい設計法を構築する時間は与えられず、そのかわり、既存の設計法を用いて何とか解決する手段を見つけることが求められたのでした。

この経緯については、N社のプロマネから後ほど電話で聞きました。

「そうなってしまいましたか。こういう状況には何度も遭遇しましたが、ハードウェアでもソフトウェアでも、モノが相手の時は運だめしは負ける確率が高いのですよ。モノは人と違って嘘をつきませんからね。空気も読まないし」と苦笑しながら言いました。

プロマネのJさんは同意しながら言いました。

「ええ、私もそう言いました。既存の設計技術では対応できない可能性が高く、急がば回れをした方が解決は早いと説得したのですが、力およびませんでした。最終ユーザーの声が強く、システムメーカも逆らえなかったのです」

これもよくあるパターンなので仕方がありません。渦中にいる人達は、この種の判断を合理性があるものと考えがちですが、外から見れば明らかに非合理的な判断です。人間は非合理的な判断を受け入れてくれますが、モノは正直なので受け入れてくれません。

「顧客も含めたプロジェクト判断であれば、尊重せざるを得ません。ただ、運だめしであることに変わりありません。運良く成功したらそのまま進むとしても、成功しない確率の方が高いですからね。それに備える必要がありますよ。Ｊさん、不明の要因を絞り込むために、センサを追加することは出来ませんか？」

「その程度の時間ならば確保できます。技術陣と調整し、要因を絞り込むことを目的として、センサを追加する計画に早速着手します」とプロマネは回答し、チームと話すために電話を切りました。

正しいプロセスを踏むことで危機から脱出

その後ですが、Ｎ社は急いで既存の設計技術で製品を改造し、再度の運転試験を実施しました。結果は案の定、問題は解決せず、同じ部品が壊れてしまいました。ただ、新しいセンサを追加したことにより、これまで全く分からなかった要因を絞り込むことが出来ました。

とは言え、やはり既存の設計技術で対応できる範囲を超えており、基礎的な試験に戻り、データを取得し、新しい設計技術を成熟させる必要がありました。

今回の破損により、顧客達もこのままでは前に進めないことを実感し、プロジェクトの計画を変更し、日程延長を決めました。そして、N社に対して、問題の要因を封じ込める新しい設計技術を成熟させる時間を与えました。

N社は、今回の試験が上手く行かない可能性が高いことを認識していたので、プランBを用意していました。その計画に基づいて、すぐに基礎試験を始め、必要なデータを取得し、新しい設計手法の雛形を作り上げました。

その新手法を適用して製品の改良設計を行い、次の製品試験に臨みました。新しい設計法は、まだ、雛形でしかありません。製品と同様の形態に適用し、その成熟度を実証する必要があったからです。

新しい設計法を適用した部品を組み込んだ運転試験が実施されました。その結果、壊れた部品に働く力は大きく軽減されました。

ただし、まだ、顧客要求のレベルには少し足りません。そういう状況の時、プロマネのJさんから相談がありました。

「先生、対策の結果、かなり改善されたのですが、もう一歩、足りません。こういう時、先生ならばどうしますか？」

開発段階において、顧客要求にほんの少しだけ届かないという状況は、よく起こります。実はこの時こそ、企業の倫理感が試される時でもあるのです。残念なことですが、沢山の従業員がいる企業だと、中には一人、二人、「少しだけだ。丸めて合格にしてしまおう」と考えてしまう人が出てくるものです。

技術系企業や製造業において、長い間、製品開発の仕事に携わった人ならば必ず気付くことであり、前述したことでもあるのですが、大事なことなので繰り返します。

それは、「人は嘘をつくが、モノは嘘をつかない。モノを騙すことは決してできない」ということです。

この事を心の底から実感している人と、してない人がいます。

実感していれば、誤魔化すことなど無駄な努力であり、現実に真摯に向き合うことこそ、最善の策であることに気付きます。

プロマネのJさんは、これまでの会話からこのことを良く理解している人だと分かっていたので、次のようにアドバイスしました。

「少し足りないという話ですが、『少し』とは定量的にどれくらいですか？まず、それを明らかにしましょう。同時に、もし、その『少し』を改善しようとしたら、どれくらいの時間が必要ですか？それも明らかにしましょう。それらの結果を持って顧客の所にいって相談すれば、落とし処が見つかると思いますよ」

N社プロマネのJさんは、当社のアドバイスに沿って顧客と相談しました。実は、顧客の方でも、今の要求に対して問題意識を持っていたことが分かりました。

「実は、この要求は昔に設定されたものであり、確かに当時は有効だった。何も分からない時代に設定したものであり少し過剰ではないかと思っていた。今回のようにしっかり計測をして現実を把握できた場合は要求を見直しても良いと考える。今回の提案を受け、要求の見直しに着手したい」と顧客の技術統括をしている方が語ったとのことでした。

その後、顧客の要求が見直され、N社の製品は、そのままの形で開発の最終段階に進むことが出来るようになりました。

その後、しばらくしてJさんから電話が掛かってきました。

「先生、お客様の理解も得られ、何とか前に進めるようになりました。まだ、この製品を市場に出すには、いくつかのハードルが残っていますが、最も高い壁は乗り越えられたと思います。本当にありがとうございました。それでですね、事業部長とも相談した結果なのですが、別途、先生にお願いしたい事があります。」

「なんですか?」

「今回の問題を踏まえ、製品企画、開発の仕組みを見直す必要があるという結論に達しました。先生にご指導いただけないでしょうか？」

失敗を糧にして強くなる企業

新たな依頼

Jさんからの電話を受け、再び、N社を訪問することになりました。今回、お会いしたのは、事業部長とプロマネJさんの2名でした。まず、事業部長が口火を切りました。

「まず、今回のトラブル収拾の件、どうもありがとうございました。以前、電話をした時は先の見通しがなく暗闇にいるような状態でした。しかし、先生のご指導により問題点が明確となり、また、解決策も具体化し、今は確信を持って前に進める状態になりました」

と丁寧なご挨拶がありました。話は続きます。

「先生のご指導を聞いていて分かったのですが、今回の製品開発におけるトラブルは、製品企画から開発段階に進む審査において大きな開発リスクの見落としがあったと考えています。先生もそう思われているのではないですか？」

「申し上げにくいのですが、その通りですね。審査を適切に実施していれば避けられたと思います。でも、当然、審査はされたのですよね？」と聞き返しました。

「はい。技術的な審査はプロジェクト部門内で、また、事業的な審査は事業部内で実施しました。ですから以前に先生からお聞きした審査体制では実施していません。その点も拙かったかなと思っています」と事業部長は返してきました。この返答を聞き、この人は間違いを認めて修正できる立派な人だなと思いました。

事業部長さんが言及した「審査体制」は、私が『泥棒と警察』という表現でしばしば話をしているものです。後の章で詳しく述べますが、開発リスクを顕在化させるための一つの手段であり、ここでも少しだけ触れておきます。

製品企画、開発を実施している人達は、それを重要な仕事として日々取り組んでいます。当然、その製品に強い思い入れが生じます。それは困難を乗り越える上でプラス面に働く場合が多いのですが、マイナス面として働く場合もあります。

思い入れが強くなりすぎると、製品を潰す方向の批判はもちろんのこと、価値を高めるための提案にさえも耳を傾けなくなるようになるからです。

そのため、もし、製品企画を実施している人達、あるいはその事業化を進めたい事業部の幹部たちだけで審査を行った場合には、開発リスクを過小評価し、プロジェクトを前に進めることをどうしても優先してしまうのです。

これは人間として自然です。そのような立場にあれば、私や読者であるあなたを含め、大抵の人が同じように振舞ってしまうでしょう。このように、自身の事業を必死に前に進めようとする人達のことを、私は『泥棒』と呼んでいます。

『泥棒』という言葉は悪い印象をもたらしますが、どんな人の心の中にも、この『泥棒』が潜んでいるので、それを顕在化させるために、あえてこの印象の悪い言葉を使っているのです。

ここまでの議論でお分かりのように、『泥棒と警察』が分離されていない企業内の審査は、仕組みとして問題があると言わざるを得ません。審査をする人は、事業に直接の利害関係が無い人、客観的に物事を評価できる人でなければなりません。この種の人達を、『警察』と呼んでいます。

この話をすると、「その通りだ」と賛意を示す人達と、「分かるのだが、それは難しい」と消極的な反応を示す人達の2種類に分かれます。

反論する人達の言い分はこれも面白いことに2つに分かれます。

第1は、「いや、うちは事業部間の共通性が非常に低く、専門性が違い過ぎるので事業部を跨いだ審査など、とても出来ないんですよ」という反応です。

第2は、「社長から『この事業の一切はお前に任せた』と言われています。だから、私が何とかするしかない。他に道が無いのです」という反応です。

どちらについても『泥棒』が製品企画や開発の実行と審査の両方を行うので、高い確率で開発リスクを過小評価して痛い目に遭うでしょう。

もちろん、物事を客観的に捉えることができ、しかも、常に冷静でいられる諸葛孔明のようなリーダーが率いた場合には成功することもあります。しかし、そういう特別な人材はそう滅多にいません。さらに、そのような優れた人であっても、『泥棒』の心が顔を出す瞬間があることを忘れてはいけません。

故に、多数の製品開発で成功率を高めたいならば、リーダーの心に『泥棒』が現れたとしても、それを瞬時に打ち消せる類の仕組みや方法を取り入れる必要があるのです。どの企業も基礎となる仕組みは持っているので、そこに少しだけ変更を加えることによって、『泥棒』を追い払う仕組みは作れるのです。

顧客価値については、実際に製品事業をしている人達が顧客のことを良く知っています。一方、開発リスクは異なる製品であっても、トラブルに陥るパターンは非常に似かよっており、類似性の持つ製品に関わった人材であれば大いに役立ちます。

ですから、社内にも社外にも『警察』になることができる候補者たちはいるのです。

さて、審査体制上の問題を反省していたN社の事業部長ですが、それとは別に、もっと大きな悩みを抱えており、実はそちらが本題でした。

事業部長の悩みが解消

事業部長さんは、真剣な顔で話を始めました。

「実は我々の事業部には、ご相談した案件以外にも企画段階の製品プロジェクトが複数あるのです。今のマネジメントを続けていくと開発リスクが見逃されたまま進み、いずれ問題が多発して大変なことになるのではないかと懸念しています。

製品企画の時点から審査を強化する仕組みを早急に構築する必要があると考えており、先生にご指導いただきたいと考えているのです。お願いできますか？」

「当社のメインの仕事ですね。お引き受けいたします」と即答し、その後、この事業部が抱えている複数の製品企画について簡単な説明を受けました。

大手メーカゆえに複数の製品企画が同時並行で動いていました。案件の中味を概観すると大きく2つに分類できました。一つは既存製品の後継機種でした。

もう一つは、従来路線から事業モデルを一歩進化させたものでした。具体的には、製品システム全体を扱う事業に参入する、あるいは単に製品を売るだけではなく、その製品の運用支援や整備等のアフターサービスも行う、さらには製品とアフターサービスを1つのパッケージとして顧客に提供する等でした。

事業部長さんは続けて言いました。

「既存事業の後継機の開発ですら、リスクを見落として苦しい状況に追い込まれました。ここには既存事業の範囲を超える製品企画がいくつも含まれています。必ず、新しいリスクが出てくるでしょう。先生は製品開発する企業の視点、顧客の視点、製品ユーザーの視点から製品開発における潜在的なリスクの洗い出しに精通されている。だから見ていただきたいのです」

そこで、本件について正式に契約をした後、まず、現在動いている複数の案件について、各責任者から現状について説明を受け、質疑を行いました。

冒頭に述べた製品開発でのトラブル状況から予想はしていましたが、多くの製品企画において、技術面、生産面、アフターサービス面、およびこれらが波及したビジネス面でのリスクが十分検討されていないことが明らかとなりました。事業部長さんの直感は正しかったと言えます。

このような経緯でN社の製品企画の仕組みづくりに関与することになりました。今回のケースは、基礎となる審査の仕組み自体は存在するが、十分機能していないというケースに相当しました。

組織の仕組みを改善する場合、当社のポリシーとして既存の仕組みは出来るだけ活かし、そこに新たな仕掛けを追加し、全体として機能するように改善する方法を取ります。

新しい仕掛けを組織に浸透させるには注意が必要です。いくら理論的な説明をしても、誰も腹落ちしないからです。それは、具体的な改善をイメージできないからです。

どんな人でも新しいことをやろうとしたら、まずは実際にどうやるのかを見て、それが確かに有効な方法であることを感じ、その後、自分で実際にやってみて、その良さを実感し、これを繰り返しながら体得していくものです。

対象となる製品企画が複数あると前述しました。そこで、その中から2つを選んで実際にやって見せることにしました。一つは製品売り切りの企画でしたが、もう一つはライフサイクル事業の製品企画でした。

これら2つでやり方を学んでもらい、その上で社内規程の草案を作成してもらいました。社内規程といっても、この事業部だけに適用するローカルなものです。ですから事業部長の権限で作成できるものでした。

その後、残りの案件については、N社の人達だけで、規程に沿う形で実施してもらいました。数ヶ月後、事業部長さんから電話がありました。

「先生、ご指導の成果が出てきました。製品企画から開発に進む段階での審査力を強化でき、また、合格と不合格の境目となる基準を明確にできました。

その結果、合格したものは順調に進み、不合格となった案件でも、担当者はどこを改良すれば合格できるかを理解し、審査の納得性が向上しました。さらに、リターンマッチで再挑戦し、合格する案件も増えました。

合格からほど遠い案件もありましたが、それらは研究レベルに差し戻すかプログラムを中止する判断をしました。それでも、皆、納得しています。ありがとうございました」

こうしてN社の案件は終了しました。本章で説明した事例は、知人からの直接的な相談から始まったケースであり、当社が扱う通常のパターンとは異なります。

しかし、大手メーカでさえ、それも既存製品の後継機の製品であっても、企画から開発に進む段階での判断を間違えること、さらに、判断を間違えると開発において大変な苦難が待っていることを示す典型的な事例だったので、あえて紹介しました。

次章では、通常案件の中で最も相談が多い新事業製品の企画について事例を使って説明します。やはり、**正当な成果を得るには、正しいプロセスに沿って実施することが重要だ、**ということを示す事例です。

第2章

絶対に
知っていなければならない
製品開発の原理原則

新事業の製品開発で責任者が最初につまずくこと

顧客を知らずに、新事業の製品企画をしていないか

前章の最後で、正当な成果を得るには正しいプロセスに沿って実施することが重要だ、と申し上げましたが、これを分かりやすく説明するために、ある中堅企業K社を例として説明したいと思います。

K社は現東証プライム市場（旧東京証券市場一部）に上場している会社であり、特定の製品分野では国内はもちろん、国際的にも高い評価を得ている優良企業です。この企業の経営者は、既存事業が好調で高収益を得ているうちに、将来の事業を育てようとしており、いくつかの戦略的な分野において積極的に活動をしています。

このような立派な会社ですが、新事業の製品企画責任者が陥りやすい事柄が随所に出てくること、また、成功に至る途中の過程にいるため、読者の皆さんが身近に感じられると考え、このケースを紹介することにしました。

K社との出会いは、当時、新事業開発の部門ナンバー2だったMさんが、K社と当社の

両方を知る共通の知人から当社を紹介されて興味を持ち、当社が発行するメルマガに登録した所から始まりました。

Mさんは当社メルマガを読み、時々ですが感想や質問を送付してくれました。しばらくした後、Mさんとその同僚の２名が、当社が開催している一般セミナーに申し込みをされ、参加されました。

セミナーが終了した後、Mさんは私の所に来て言いました。

「今成さん、大変面白かったです。この話は是非、うちの部門トップを含めた全員に聞かせたいと思うのですが、そういうことは出来ますか？」

「一般セミナーを受講いただいた企業であれば、ご要望に応じて一社限定のセミナーを開催していますので対応可能です。御社に伺って実施するか、オンライン会議形式でやるかのどちらかですね」と回答しました。

するとMさんは、「分かりました。近いうちに電話します」と言って、セミナー室を後にされました。

数ヶ月後、Mさんから電話で連絡がありました。

「先生、ご無沙汰しています。以前、一般セミナーに出た時にご相談した件です。当社メンバーだけが出席するセミナーの話です。あの後、新型コロナウイルスの問題が本格化したため、社内がバタバタして相談する状況にありませんでした。ようやく少し落ち着いたので、先生にセミナーをお願いしようということになりました」

「Mさん、承知しました。このご時世なのでオンライン形式になりますが宜しいですか？」

「はい。今は社員の出社も規制されており、社外の人については原則出入り禁止の状態です。本当は顔を合わせてやりたい所ですが仕方ありません。オンラインでお願いします」

とMさんは応じ、具体的な日時案を調整して電話を終えました。


その後、Mさんから再び電話がありました。

「先生、セミナーを実施する前に、一度、当社の状況、狙いを簡単に説明したいと思います。そのため、まずは秘密保持契約を締結させていただけませんか？」という話でした。企業内部の話を聞くならば当然のことなので、すぐに了解して電話を切りました。

秘密保持契約が締結されるやすぐにK社からの説明の場が設定されました。参入を狙う新事業分野やその分野での製品候補などについての説明でした。K社は自社の固有技術を活かし、ある産業用機械製品の部品素材に参入して事業化したいと考えていました。

ただし、具体的にその製品のどの部品素材に参入したいのかまでは特定されておらず、

「事業化できれば何でもいい」という印象でした。そのような事前情報を踏まえ、K社のためにカスタマイズした一社限定セミナーを実施しました。

第1章で紹介した事例は、ティア1メーカによる既存事業の新製品開発が対象であり、しかも開発中のトラブルを収拾する所から始まった特殊な案件でした。N社は対象製品の顧客価値を十分に把握しており、課題は顕在化した技術リスクの特定と解消でした。

製造系企業、技術系企業にとって技術リスクは非常に重要ですが、開発リスクの一部でしかありません。技術以外の要素によって開発計画が悪影響を受ける場合がかなり多いということです。

本章で紹介するK社はティア2サプライヤを目指した新事業領域の製品企画です。開発リスクは重要であるものの、その前提としての、「潜在顧客は誰か」、「顧客はどこに価値を置いているのか」、「競争相手に対してどう差別化するのか」といった基本的な事を確認する必要がありました。

「中堅の大企業ならば、新事業領域ではあっても、事前に十分な調査が実施されており、そのような事を聞くまでもないだろう」という声が聞こえてきそうです。しかし、技術系の企業、製造系の企業では、日本でも欧米でも、この基本中の基本が意外と出来ていない場合が多いのです。米国の大企業でさえも出来ていない場合が多々ありました。

さて、実際にK社向けのセミナーを開始したのですが、当社セミナーでは、途中に必ずいくつかの重要な質問をはさみ、対話をしながら進めていきます。最初の質問は、新事業領域の潜在顧客に対するアプローチに関するものでした。

「御社は、この新事業領域の製品を売る相手が誰かを特定できていますね。では、彼らに対して、どのような営業的アプローチをしていますか？」

しーんとして誰も応えてくれません。オンライン会議であり、さらに出席者はマスクをしているので表情も読み取れません。やむを得ず、追加の質問をしました。

「質問を変えます。潜在顧客に対する御社の営業方法は、次の3つのうち、どれが一番近いですか？

第1は、御社の技術シーズを用いて顧客が興味を持ちそうな製品企画を作って持参し、顧客に見せて反応を見るやり方です。

第2は、事前に顧客の所に足を運び、自社の企画を話した上で、顧客の反応を伺い、質疑を通してどこに興味があるかを把握する。その後、入手した情報を製品企画に反映し、再度訪問するアプローチです。これを定期的に繰り返し行っていると、俗に、『御用聞き型』

と呼ばれます」と言って続けました。

「第3は、まず第2の活動を実施した上で、直接の顧客だけでなく、顧客の顧客についても調査し、彼らが何に価値を置いているか調べ、両方の顧客が興味を持てる製品企画を作って提案するやり方です」と最後の選択肢を述べました。

第3の方法の所で述べた『顧客の顧客』という表現は少し分かりにくいでしょうから、少し詳しく説明します。実際のセミナーでも追加の説明をしましたが、具体的には以下の内容です。

『顧客の顧客』というのは、御社の顧客のお客様のことです。御社の顧客をAとして、顧客Aの顧客をBとします。御社の顧客であるA社は、その顧客であるB社に製品を売る時、当然ですがB社が何に興味があるか、何に高い価値を置いているかを研究した上で、製品企画を作って提案するでしょう。

顧客A社は、その顧客B社に売る製品を造る際に、必ずしも御社の製品を組み込む必要はありません。自分で造ってもよいし、別のサプライヤから購入しても構わないのです。

ですから、A社が御社の製品を買うとしたら、それは、御社の部品を組み込んだA社の製品が、御社以外から購入した部品を組み込んだ場合よりも、B社にとってより高い価値を提供できるからです。

もちろん、価格が安いことも一つの選定理由になりますが、価格勝負は市場の既存企業の戦略です。新規参入する企業は、価格を重視しつつも何か別の付加価値を持っていないと勝負になりません。

このような話をした所、ずっと黙っていたK社の新事業部門トップが口を開きました。

「今成さん、うちは第1の方法ですね。新事業の製品に関しては第2、第3のやり方はまだ出来ていません。既存製品については顧客に密着して情報を得ながらやっています。つまり第2のやり方まではできています」

状況が分かってきたので次に進みました。

「今は第1の方法でやっているのですね。分かりました。では、御社は既に、潜在顧客に対して、試作品や素材の試験データを見せたことがあるのですね。その時、潜在顧客は、どのような反応を示しましたか？」

この質問には、K社の技術者が返答しました。

「実はあるティア1メーカを訪問し、この素材の試験データを見せたのですが良い反応を得られませんでした。理由を話してもらったのですが、専門的な表現だったので、何を言っているか良く分かりませんでした。ただ、結論は明確であり、『この特性では採用することはできない』というものでした。

その後にもう一度だけコンタクトしたのですが、その時も、『あの特性では不十分であり部品に適用することはできません』の一点張りだったので、正直に言って困っています」

顧客の食指に触れない話を繰り返していないか

技術者の回答を聞き、もう少し詳しい情報を得るために続けて質問しました。

「なるほど、状況は分かりました。その時、話した相手はどういう人でしたか、素材の専門家ですか、それとも部品の設計者ですか、あるいは製品事業のプロマネですか？」

「素材部門のマネジャでした」

「なるほど。素材の試験データを見ただけで駄目だと言われたのですね。どんなデータを見せたのですか？」

「○○試験データを見せました」と技術者は応えました。

「○○試験データだけですか。そのデータを見ただけで、その専門家は駄目だと言ったのですね。ならば、そのデータに根本的な欠点が含まれているということです。ですから、原因を特定するのはかなり容易だと思います。私が見ても分かると思いますが、その前に御社に生産設備の設計者がいるならば、その人に相談してみたらいかがでしょうか」

コンサルティングに入る前段階であるため、この問題にはあまり深入りせず、次に進むことにしました。

「御社がティア1メーカと話した時、素材の価格や耐久性の話はまったく出なかったのですか？」

「ええ、そこまで話が進みませんでした」と技術者は言いました。

ここまでの話を聞き、たとえK社に嫌われたとしても、彼らに現実を知ってもらうために言うべき事を言わねばならないと覚悟しました。

「大変いいづらい事なのですが、御社はそのティア1メーカに全く相手にされていないようです。その理由を説明しようと思いますが宜しいでしょうか？」

少し間を置いて、K社の新事業部門のトップが返答しました。

「今成さん、お願いします。耳が痛い話のようですが、我々は、この産業用製品の分野に疎いので、早い段階で現実を知っておく必要があると思います」

このトップの反応に感謝しつつ、丁寧に説明することにしました。

「通常、産業用の機械製品では、ライフサイクル価値とかライフサイクルコストを非常に気にするものです。ライフサイクルというのは、その製品を使い始めてから最後に廃却するまでの期間です。製品に依りますが10年、20年、それ以上のものがあります」

このように、まず、大前提を説明しました。

「ライフサイクル価値・コストを気にするのは、最終顧客である製品ユーザーがこれを気にするからです。なぜなら、それはユーザーの利益に直結するからです。御社の顧客はティア1メーカですが、その顧客は製品システムのメーカであり、さらにその先には最終顧客である製品ユーザーがいます」と次の前置きをしました。

「よって、ティア1メーカは、自分の顧客やさらにその先の顧客が食指を伸ばす価値を提供しようと考えています。ですから、もし、そのメーカが御社の提案に興味を持ったのであれば、〇〇試験データだけでなく他の試験データや素材の成形性、あるいはコストに関する質問もあったはずです。これらを求めなかったということは、御社の提案にまったく興味が湧かなかったということなのです」

厳しい指摘をせざるを得ませんでしたが、今後につながるアドバイスも述べました。

「ティア1メーカが食指を伸ばすには、まず、根本的な問題が何かを特定し、その特性を改良する必要があります。また、そのメーカと次に面会する前までに次の事を準備することを強くお勧めします。

それは、対象である顧客企業だけでなく顧客の顧客についても調査し、この両方の顧客が御社製品を採用した時に得られる価値を算出できるよう、必要な情報をすべて提供することです。

そのメーカが御社の提案に少しでも興味を持てば、会議の後に得られた情報を参照して自社と顧客にとっての価値を評価するでしょう。その段階に行けば、御社はそのティア1企業にとってのその他大勢ではなく、一つのサプライヤ候補になったと言えるのです」

顧客に売るには、顧客の顧客を研究せよ

ここまでのK社とのやり取りを読んで、「何を当たり前の話をしているんだ」と言う人がいるかもしれません。しかし、これは頻繁に見られる現実なのです。

これまで、日本はもちろん海外の大手メーカの人達とも多くの付き合いがありましたが、企業サイズが大きくなる程、技術と市場の両方を深く関連付けて議論できる人はどんどん少なくなっていく傾向がありました。

大企業でこのようになりやすいのは、分業化が進み過ぎたためだろうと考えています。この考えの妥当性については本書後半で述べますが、この場で一つ安心いただきたいのは読者企業の状況が仮にK社と似ていたとしても全く悲観する必要はない、ということです。

なぜなら、正しいプロセスに沿って検討を実施すれば、技術と市場の関係性についてはそれほど苦労せずに把握できるようになるからです。

このような経緯を経て、K社とはコンサルティング契約を締結し、本格的な活動を始めました。契約後に最初に実施したのは、顧客価値を系統的に考えて可視化する活動でした。

この活動では、当社が独自開発した『顧客価値連鎖分析法』というツールを使いながら、議論を深めてもらいました。その結果、新事業部門チームは、技術と製品と顧客価値の間にある関係性を見つけるスキルを短期間のうちに習得しました。

そして、K社チームは、新事業領域の製品を売るためには自社の潜在顧客だけでなく、その先にいる『顧客の顧客』にとっての価値を高めることの重要性を腹の底から納得する状況に達しました。

K社とのコンサルティングは、月に一回のペースで進めました。

新事業部門のトップとナンバー2は、潜在顧客が高い価値を置く事、つまり『顧客価値』についての理解が進むと、そこから先は開発リスクを見えるようにすることが重要であることにすぐに気付きました。

そして、Mさんから電話がありました。

「先生、顧客価値はかなり分かってきました。でも、価値を高めようとすると、技術はもちろんですが、他にも色々と考えることがありますね。開発リスクを洗い出して全体像を把握するのはかなり大変な作業ですね」

「Mさん、製品や技術の開発に携わる人達の多くが、開発リスクと言えば技術リスクだと勘違いしていることが多いので、その点に気付いていただいて嬉しいです。

当社は開発リスクを『**開発の流れを阻害するもの**』として定義しています。この視点で開発リスクを見直すと新しい発見があると思いますよ」と返答して会話を終えました。

ということで次の節では、流れを阻害するものという視点から、開発リスクを洗い出す方法を見ていきます。

開発の良い流れを作り出すためにリスクを洗い出す

開発リスクの洗い出しで陥りやすい罠

前の章の最後で述べましたが、当社では開発リスクを「開発の流れを阻害するもの」として定義しています。流れは阻害されれば停滞します。開発で言えば、停滞は遅れることを意味します。

企画した製品が顧客の欲するモノであっても、他社に先を越される、あるいはその顧客が必要とするタイミングに遅れてしまったならば製品の価値は大きく低下します。

製品開発を遅らせる要因として、新しい技術の開発が遅れるケースが多いのは確かです。しかし、技術開発が遅れる要因を詳しく分析すると、技術そのものが関与する部分は意外と少なく、むしろ周辺業務の所で遅れが生じるケースを多く見かけます。

多くの人は、「新しい技術の開発が遅れても不思議はない」という先入観を持っています。そこには一定の真理が含まれていますが、遅れる要因はそれが全てではありません。実は上層部への説明の容易さから、そのように信じ込んでいる場合が多いのです。

開発の流れを阻害する要因は、技術そのものに関すること以外でもあちこちにあります。

上流から下流までの全体を俯瞰すれば様々な障害が見えてくるはずなのです。ただ、現実をありのままに見ていないだけなのです。

本節では、開発リスクの洗い出しについて、よく見掛ける間違った例を紹介した上で、正しいプロセスに沿って対応すれば良い方向に変われることを示します。

世の中に出回っている製品企画や開発の本をいくつか読みましたが、開発リスクに触れているものは希です。触れている場合でも、開発リスクを具体的、系統的に洗い出すための実践的な方法を記載しているものは見たことがありません。

企業内においても肝心なことが伝承されていないためでしょう。担当者が洗い出す開発リスクはその人の専門性が中心となりがちです。技術系や製造系企業では担当者が技術者である場合が多く、リスクは技術中心で、しかもバラバラと思いついたままを並べたものを多く見掛けます。

そのようなやり方をする限り、製品開発の過程に散在している大きなリスクに気付く事はできません。気付くためには、製品に関わる全体を俯瞰する系統的なリスクの洗い出しが必要なのです。

20世紀には、日本はものづくり王国と呼ばれ、世界的に見ても卓越した存在でした。先行していた欧米他社の製品に対して、後追いの場合もありましたが、性能、品質、価格の総合力で優れたモノを提供していたからです。

『他国の競合他社よりも総合的に優れた製品を開発する』と簡単に書きましたが、実際にこれを実現するのは大変なことです。なぜなら、目に見える形で何かを改善するには、必ず、誰も試していない新しいことに挑戦しなければならないからです。

誰も試していないことには必ずリスクが伴います。その中で、他社よりも優れた製品を生み出してきたのですから、当時の製品企画や開発の責任者は、開発リスクをしっかりと把握し、それを上手に管理していたということです。

今日の日本では、新製品の開発時に重大リスクを見落してしまったケースが増えました。それは、開発リスクを管理する方法、開発の流れを阻害する要因を除去する方法が適切に伝承されなかったことを意味し、伝承方法に問題があったことを示唆しています。

実際に社内を見回してみて下さい。製品の設計法や生産の工程設計法ならば社内標準が作成されていると思います。しかし、製品開発の方法について、躓《つまず》きやすい点やそれらを乗り越えるためのノウハウを整理した資料を見たことがありますか？　ＮＯと答える人が大半ではないでしょうか。

開発で経験した苦労や苦労の原因について十分に深堀りされていないので、再現性のある方法にまで昇華できていないのです。そういう状況にあれば、新製品開発がうまく行かないのは当然と言えましょう。以下はこの状況を示す1つの実例です。

K社へのコンサルティングが始まってすぐ、新事業の製品企画について話を聞く機会を得ました。企画担当の基幹職であるFさんが次のような主旨の説明をしてくれました。

「対象の産業用機械の市場を調べると、大量の製品更新が行われる時期は○年後と推定されます。当社の基盤技術を活用したこの素材は、その特性から考えて対象の産業用機械の価値を大きく高めることは間違いありません。

よって、△年後までに試作品を完成させ、ティア1メーカであるA社、B社に売り込み、市場に参入します。事業計画としては、□年後に売上げ▽円、営業利益◇円を目標として企画を進めています」

実際の説明はもっと詳細で複雑な内容でしたが、要約すると前述のとおりとなります。前節で触れましたが、K社は、新製品候補である自社素材をティア1メーカに見せた際に厳しい評価を受けた経験があったため、そこに関する技術リスクは考慮されていました。

ただ、洗い出されたリスクはそれだけでした。読者の多くは、「新事業製品に参入する時に、リスクがそんなに少ないはずはないだろう」と疑問を持たれる方が多いのではないでしょうか。まったくそのとおりです。

K社の製品企画において、重要なリスクが見落とされていたことを分かってもらうため、Fさんに対していくつか質問をしました。

「まず、現在の素材特性が顧客の要求に達していない件は、技術リスクとして考慮されていますね。ただ、ひとつ大事な視点が抜けています」と最初の指摘に入りました。

「御社が売り込もうとしている素材は基材というべきモノですね。基材から部品形状に近い素材の形まで持って行くには、一連の製造プロセス、製造レシピが必要ですよね？」

「はい、そのとおりです」

「Fさん、その部分は誰が実施するのですか？」

「そこはですね、売り込み先のティア1メーカが考えてくれるだろうと想定しています。先生、この想定はおかしいですか？」とFさんは心配そうに問い返してきました。

「そういうケースがまったく無いわけではありません。しかし、先程のスケジュールを考慮すると、製品の市場投入までの時間はそれほどありませんよね。その環境下において基材をスムーズに売りたいならば、単純形状の基材から、せめて部品素材の形を造る製造レシピを確立し、それを持参しないと話に乗ってこない可能性が高いですよ」

「やはり、そうですか。基材さえ提供すれば、後はあちらでやってくれるのではないかと期待していました。自分でも、都合の良い話ではないかと感じていたのですが…」

Fさんは少し気落ちしながら回答しました。

「先ほど、売り込み先のA社、B社は独自に類似素材の開発をしていると聞きました。彼らは御社製品と同じく、基材から部品素材を造るアプローチを採用しているのですか？そうならば、プロセス条件は多少変わるのでしょうが、基材を変更して試作するぐらいはしてくれるかもしれませんね、Fさん」

Fさんは少し動揺しながら次のように返答しました。

「いえ、文献を調査して分かったのですが、A社もB社も、当社とかなり異なる方法で部品素材を造っています。ただ、それらの方法は製造のコストが高いという欠点があり、対する当社アプローチは安く造れるので、そこに興味を持つだろうと考えていました…」

「A社もB社も別の製造方法を採用しているとなると、製造レシピ付きで提案しないと先に進むのが難しいですよ。基材から部品素材を造るレシピは、試行錯誤を繰り返さないと得られないので時間が掛かります。A社、B社は自社の技術開発にリソースを集中しているでしょうから、御社の基材を使ったレシピをゼロから作るとは思えませんね」

「うーん、そういうことなのですね」とFさんは困った表情をしながら返答しました。

「仮に基材から部品素材の形を造るレシピが完成したとしても、それだけでは済まないのですよ。基材から試験片を造って材料強度データを取得しましたよね。しかし、部品の形状は平板や丸棒のような単純形状ではなくずっと複雑な形状ですよね。

そうすると、製造した部品のある場所では、試験片と同じ強度が発現されない事がよく起こるのです。それはどう保証するつもりだったのですか？」

Ｆさんが再び固まってしまったので、これに対する具体的な方法を話した所、納得したのか表情が明るくなりました。

「先生、ご指摘ありがとうございました。自分の考えが甘かった事がよく分かりました。企画の内容、計画を根本から見直したいと思います」

Ｆさんは現実を知ったことで逆に覚悟を決めた表情を見せながら言いました。

「では、次の質問に移って良いですか。先にこちらの質問をした方が良かったと思いますが、製品対象とする部品素材は、この産業用機械の具体的にどの部分、どの部品なのですか？」

Ｆさんは対象とする産業機械の全体図を見せながら、ポインタで事業の対象としている特定の部分を指して言いました。

「ここのモジュールの全ての部品に当社の素材が適用できると考えています。ですから、その一部に当社の素材を使っていただけるだろうという前提で事業計画を策定しています。

ただ、具体的にどの部品に適用するかの検討できていません」

Ｆさんは実に正直に回答してくれましたが、これでは製品企画と呼べるレベルに達していません。アバウト過ぎるのです。

ここで読者の皆さんにひとつ質問をしたいと思います。Ｋ社の企画はなぜ、このようにアバウトなものになってしまったのでしょうか？

開発リスクとは、開発の流れを阻害するもの

ここまでの話からお気付きの人が多いと思いますが、Ｋ社の企画は自分中心、自社中心で立案されていました。既存事業で開発基盤が整っており、顧客価値に大きな変化がないならばそれでも構わないかもしれません。

しかし、新事業では、特に企画段階においては社内予算も人材も少なく、様々な部分について自社で対応できず、社外リソースを活用しないと立ち行きません。

製品企画、開発に限らず、世の中で最も貴重なリソースは時間です。よって、こちらは急いで事を進めたいのですが、相手がそのペースに合わせてくれるとは限りません。

社外の相手は、顧客かもしれませんし、パートナーやサプライヤ、更には大学のような

研究機関かもしませんが、相手が誰であり、相手がやる気になって急いで対応してくれるように、前提や環境を事前に考え、整える必要があります。

そのためには、時間の経過に沿って何が起こるのか、また、その時に何が障害になるのかを事前に認識していなければなりません。K社はこれが出来ていませんでした。

K社の問題は、製品開発の流れ、時間の経過に沿って、具体的にどのようなイベントが発生し、これに対してどのように進めていくかについて、全体像をイメージアップできていない点にあったのです。

『全体像』という言葉は誤解を招きやすいので追加の説明をします。しばしば見掛ける悪い例では、『全体像』が単なる『全体日程』になってしまっています。それは達成したい目標を羅列したものであり、項目間がつながっていないのです。

それに対して、本書で使う『全体像』は、全体を構成する要素、項目間における相互のつながりを重視します。つまり全体を、相互作用する要素の集まりとして把握するのです。

実際の開発の現場に立てばわかりますが、物ごとは時間の経過とともに流れていくか、止まって停滞するかのどちらかです。この停滞を引き起こすのが開発リスクであると言えば分かりやすいでしょうか。

K社の場合も、流れのない全体計画しか作成しておらず、それに基づいて開発リスクの洗い出しをしていました。そのため、いくら『開発の流れを阻害するもの』という視点でリスクを捉えようとしても、技術リスク以外に何も見えてこなかったのです。

製品開発の流れを詳細に考え、時間に沿って自社の内部や社外機関との間で起こる様々なイベントを具体的に想定しなければ、開発リスクを特定することはできないということです。

K社の状況は、新しい事業領域に参入しようとした場合に頻繁に見かけるパターンです。こう述べると、「新事業を始めようとしている我々にも同じ運命が待っているのか？」と心配されるかもしれません。しかし、ご安心ください。正しいプロセスを踏んで進んでいけば運命を変えられるので心配には及びません。

なぜ、心配する必要がないのかを説明しましょう。技術系や製造系の企業における多くの製品開発では、開発の途上で起こるイベントやトラブルは驚くほど似ています。実質的に数個のパターンに集約することができます。よって、これらのパターンを理解した上で、自社にマッチしたパターンで進めば良いのです。

当社では、この数パターンについて開発の流れを系統的に可視化し、繋がりと相互作用が組み込まれた開発計画を作り上げる方法を提供しています。

もちろん、製品が異なれば、適用される要求や技術は異なるし、設計、製造はもちろん検査や評価も異なります。さらに市場ニーズや特性も異なります。よって、一般論と自社製品との間の差異を埋める必要はあります。ただ、その量は多くはありません。

一方、開発の流れ、つまり時間の経過に沿って起こるイベントは共通性が高く、さらにそこで生じる問題や問題を解決するための本質的な対策は共通性が高いのです。

顧客に価値や感動を与える製品に仕上げる、同時にユーザーに安心して使用していただく製品に仕上げるプロセスを構築するには、製品ごとの違いではなく、その裏に存在している共通の考え方や視点を知り、それを使えるようにすることが重要なのです。

ですから、何かの製品開発を最初から最後まで一通り経験すると、特に沢山のトラブルに遭遇して苦労しながら開発を行うと、製品対象が別のモノに変わっても、開発の途上で起こる事柄、イベントをリストアップできるようになるのです。

途上で起こるイベントが分かれば、そこを起点として開発リスクを洗い出すことができ、起こりうるリスクの９割を可視化できます。

残った1割のリスクは可視化できず不確実性が残ります。チームの人材スキルレベルが高い方が、この不確実性への対処は上手です。しかし、逆に言えば、人材力がものを言うのはこの1割であり、それ以外は通常のチーム人材で対応できるのです。

ここまでの議論に対して、「いや、開発は製品によって千差万別だ。似ているとはとても思えない」と反論される方がいると思います。

次節で詳しく述べますが、先ほど製品開発は数個のパターンに分類できると述べました。具体的な数字を挙げると3つです。つまり、製品開発は3つのタイプに分けられ、タイプが同じならば開発の流れは非常に似ており、逆にタイプが異なれば、開発の流れは大きく変わるということです。

よって、前述の反論への返答は、「開発は、製品が変わってもせいぜい3つのパターンに分類でき、千差万別ということはない。大切なのは、自分の製品にマッチしたパターンを知り、それを選ぶことである」となります。

今回、K社の製品企画が未熟だったのは、産業用機械の部品素材の事業経験が全くなく、完全に初めての経験だったからと結論づけられます。ただ、これは表面的な結論です。

もう少し深掘りすると、K社は既存の主力製品が好調であり、その改良活動は継続的に実施していたものの開発の流れが固定化され、いつの間にか異なる開発の流れを考える力が弱まってしまった。そこにこそ、根本的な原因があったのだと言えるでしょう。

主力事業が好調というのは企業にとって良いことなのですが、一歩間違えると、変化に対応する能力が低下し、加えてその状況に気付けなくなるため注意が必要です。

K社へのコンサルティングはこのような状況からスタートしたので、まずは彼らの主力製品における開発の流れ、そこで起こるイベントを再確認してもらいました。それを実施してから、本命の産業用機械の部品素材事業における開発の流れ、時間に沿って発生するイベントについて、まずは自分達の頭で考えてもらいました。

イベントが出てきたら、それが必要な理由、それが顧客価値とどう関わるか等、一つ一つ議論しながら彼らのチーム全員が十分に納得したことを確認しながら進めていきました。その結果、数ヶ月でK社は部品素材の開発の流れを把握できるようになりました。

次はそこを起点として、開発リスクの洗い出しに着手しました。当社には開発リスクを系統的に探知する独自手法があり、コンサルティングではこれを最初に学んでもらった後、実際の活動に入ってもらいました。K社のメンバーはやはり、数ヶ月後には合格点レベルに到達しました。

製品開発は3つのパターンに分類され、パターンによって開発の流れが変わると述べてきました。当然のことですが、パターンにより企画、開発の進め方も大きく変わります。ですから、この違いを知らずに開発を進めるのは危険なのです。次はその話に進みます。

絶対に知っていなければならない製品開発の3つの型

世の中には星の数ほど多くの製品があります。その用途、機能、顧客が千差万別であり、製品開発のタイプも個々に異なると思いがちです。これを完全に否定するわけではありませんし、小さな差が非常に重要になってくる場面も確かにあります。

しかし、逆に、多くの雑多な事をいくつかのパターンやタイプに分類することにより、物事の見通しが良くなり、やるべきことが明確になる場合もあります。むしろ、そういう場合の方が多いのではないでしょうか。

製品開発は図に示す3つのタイプに分類することが出来ます。分類の切り口は顧客価値、開発リスクにおける時間に対する変化です。時間は、製品企画を開始してからの経過時間を表します。では、具体的な説明に移りましょう。

図に示したタイプAでは、製品企画の段階、あるいは開発の初期段階に顧客価値が急速に上昇し、それに合わせて開発リスクは急速に低減していきます。しかし、その後、開発

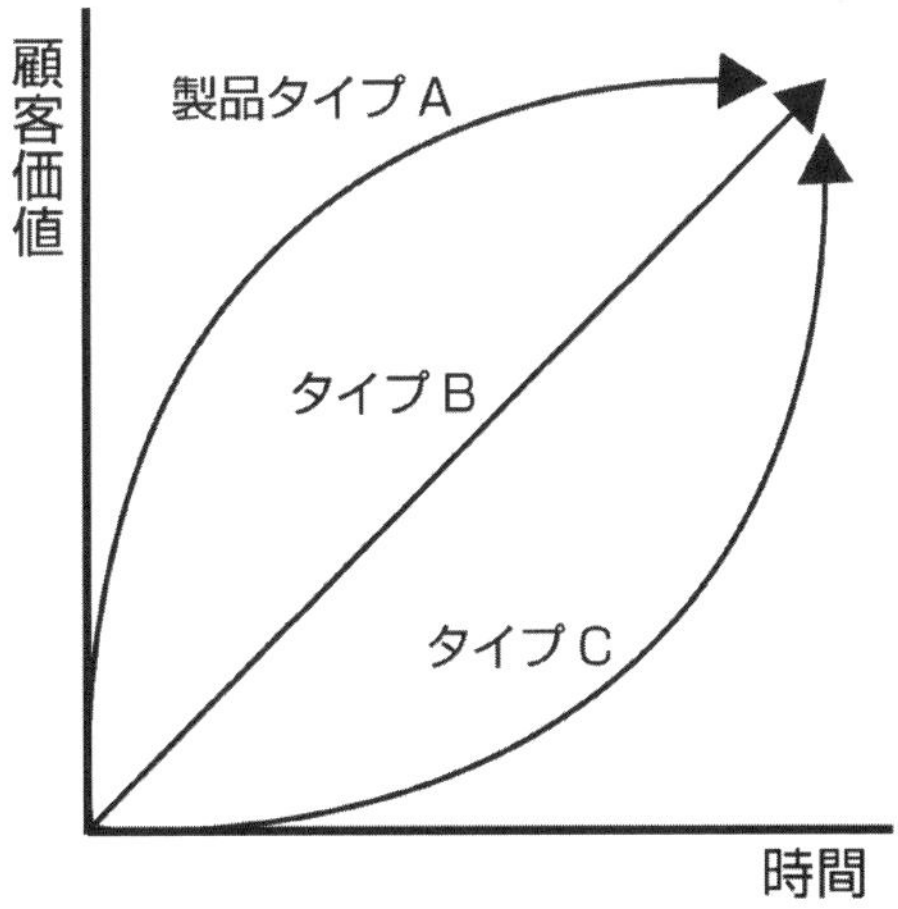

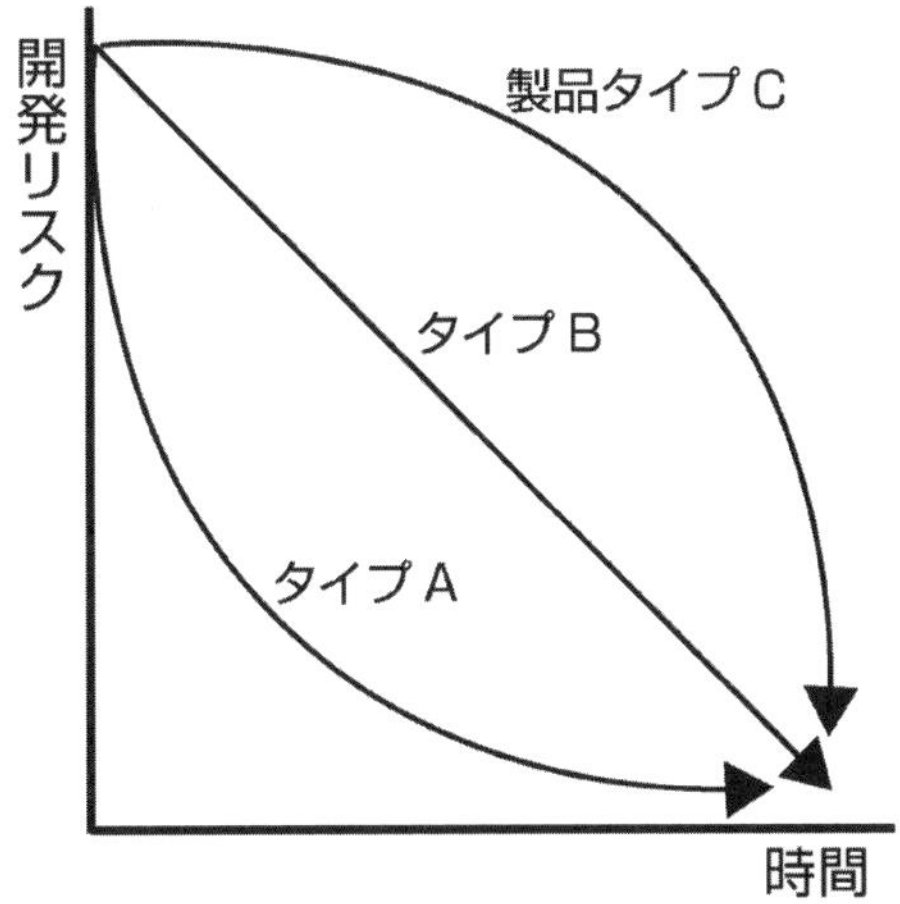

タイプ A
→ 小型家電など、既存技術の新しい組み合わせで価値を高める製品

タイプ B
→ 乗用車、大型家電、住宅設備などタイプ A と C の中間にある製品

タイプ C
→ 航空機、自動運転車、医療機器など、新技術で価値を高める製品

の後半段階になると顧客価値の上昇ペースは低下し、開発リスクが低減するペースも落ちていきます。

つまりタイプAでは、製品企画が最も重要なフェーズであり、そこで顧客価値の大半が決まり、開発リスクも下げてしまう、そういう製品開発のやり方だということです。

こういう話をすると、「企画段階でリスクが下がるとはどういうことだ。要素技術の開発は不要ということか？」と疑問に思う人がいると思います。高度な技術開発を長く続けてきた人達の中に、このような疑問を持つ人が多いようです。

タイプAは、原則として既存技術だけを使い、その新しい組み合わせに知恵を絞ることで価値を高める製品です。ですから、製品企画が最も重要な段階であり、このフェーズで大半の顧客価値と開発リスクが決まってしまうのです。

前節において、開発リスクは「開発の流れを阻害するもの」であると述べてきましたが、その視点でタイプAの開発リスクを検討してみましょう。

既存技術を使うので技術リスクが下がりやすいのは当然です。よって、技術面において残る問題は、組み合わせた既存技術やそれで設計された部品やモジュールという要素が、システム全体として適正に機能し、目標の性能や耐久性を達成できるか、です。

この部分において多少の苦労をすることはあるでしょう。しかし、問題が発生する場所は、組み合わせた技術と技術、あるいは要素と要素の境界面にあるので、例外的なケースを除いて原因を特定するのはそれほど困難ではありません。

このタイプAの開発において、製品を自社の既存技術だけを組み合わせて作れるならば、工夫によって開発期間を短縮でき、ひとつの強みにできます。

これに対して、製品を作り上げるために自社だけでなく他社の既存技術も組み込む必要がある場合には、技術とは別の開発リスクが生じます。それは組織間コミュニケーションに関するリスクです。

他社が同業の場合には意思疎通は比較的スムーズでしょう。一方、他社が異業種の場合には意思疎通をスムーズに行うのは容易ではありません。これに熟達した人材がいるか、あるいは異業種の意思疎通を高めるための高度なノウハウ、仕掛けが必要です。

異なる専門分野の人材と協業を進めるための仕掛けを準備せずに活動を始めてしまうと、予想外の問題が多発しやすく、最悪、とん挫することになるので注意が必要です。

なお、タイプAの製品は、その斬新さから市場投入した直後は売れ行き好調で、適正な利益を得られます。しかし、模倣されやすいという欠点があります。特許で守れる場合は良いものの、一般的にはコモディティ化しやすいという特徴を持ちます。

このタイプに属する製品の代表例は小型の家電製品です。パーソナル・コンピュータやスマートフォンのような最先端製品では一部に例外もありますが、後発の製品についてはここに含まれます。当然、その製品を構成するモジュール、部品、素材も含みます。

タイプＡの製品は小さなモノが多く、そのため、仮に故障が発生したとしても、被害が小さいことを特徴として挙げられます。例外がまったく無いわけではないのですが、概ねそう言えるということです。

小さい製品でも、故障に遭遇したユーザーは、その瞬間、イラッとするものです。結果として苦情電話をする、あるいはＳＮＳに製品の悪口を書き込むかもしれません。それらは売上げにも影響するかもしれません。

しかし、故障によってユーザーが怪我をする、あるいは、ユーザーが働いている建屋に損害を与えるといった深刻な問題を引き起こし、大きな社会問題にまで発展する可能性は低いと言えます。それは事業にとって１つの長所と言えるでしょう。

次はタイプＢを飛ばしてタイプＣを先に説明します。

図から分かるようにタイプＣはタイプＡの真逆です。時間に対して初期段階においては顧客価値の上昇は遅く開発リスクも中々下がりません。しかし、開発も後半の段階になると顧客価値は急上昇をしはじめ、開発リスクも急速に低下していきます。

「製品企画の段階において顧客価値が上がらないというのはどういうことか。よく理解できない」という感想をもたれる方がいると思います。長年、タイプAの製品開発をしてきた人達から見ると、タイプCは理解不能でしょうから説明を加えます。

タイプCの製品は、企画の初期段階では単なる机上の仮説である場合が多々あるのです。ただし、それを悪いと言っているのではありません。そうならざるを得ない場合が多いのです。

なぜなら、タイプCにおいて顧客価値を高める手段の筆頭は新しい技術の開発であり、新技術開発には必ず不確実性が付きまとうからです。

ここで述べる『新技術』は製品やアフターサービスそのものに適用する技術に限らず、製品コンセプトや製品を生産するための新しい生産システム、新しいアフターサービスを提供するシステムなども含んでいます。

既存技術の改良に対して『新技術』という言葉を使うこともありますが、通常は初体験の新しい技術を開発する場合に使います。ですからタイプCの特徴は、製品開発における技術開発の重要性が高く、計画どおりに進めるのが難しい所にあるのです。

技術開発が遅れると、製品開発、ひいては事業計画全体に影響を及ぼすことになります。そのため、タイプCでは技術開発をどう上手にマネジメントするかが事業の盛衰を決める重要な鍵となるのです。

前述した図の開発リスクカーブに注目すると、タイプAの製品ではリスクは技術よりも顧客や事業環境の影響を大きく受けますが、タイプCでは技術開発の比率がずっと大きくなります。

その意味でタイプCにおける開発リスクカーブは、新しい技術とそれを適用した製品や生産システム、アフターサービスシステムが実証された度合い（実証度）と深いつながりを持っています。

「実証度とは何だ。どういう定義だ」と問いたい人がいると思います。詳しくは後章で述べますが、ここではその骨子だけを簡潔に説明します。

実証度とは、製品を市場に投入できる状態から逆算した達成度を示す指標です。ここで最も重要なことは、達成した所までは確実であり、その後に後戻りは生じないということを担保できる指標であることです。

「当然だ」という声が聞こえてきそうですが、実際の開発の現場を見ると企業や個々人によってこの『実証度』の言葉の捉え方が微妙に、時に大きく異なります。

『実証された』という言葉を聞くと、ある人は「完成したのだな。すぐにも製品を市場投入できる」と受け取りますが、別の人は「ある一つの条件において、やっと実証されたのだな。前には進めるが、完成して市場投入と言うにはほど遠い」と捉えます。

同じ言葉であっても、その捉え方は企業内における役割の数と同じ数だけの異なる解釈があるのです。

本書における『実証度』は、『ある特定の条件下で実証された』ということを意味します。そこまでは確実であり、後戻りは生じないことを担保する言葉として使用します。『実証度』と同じ意味を持つ言葉として『成熟度』があり、ここから先はこの言葉を使います。

ここまでの説明でお分かりのように、タイプCの製品は『技術開発』という不確実性を含んでおり、そのマネジメントが難しいのですが、あなたが責任者であるならば何が一番困りますか？

そうです。一番困るのは、「技術の目途が立った」と言われて安心していたら、「開発の後半の別の試験を実施したら駄目なことが分かりました」と言われることです。責任者にとってはこの後戻りが何よりも辛いことなのです。

さて、こういう説明を聞くと、「タイプCの製品開発は、開発リスクが下がるのに時間が掛かって面倒そうだな」と思うかもしれません。実際にその通りなのですが、社会には必要不可欠な存在です。

このタイプCに属する製品をあげると、航空機、電力供給設備等のインフラ設備、医療・衛生設備、半導体製造設備などに加え、今後増えると予想される自動運転車、人間と協働するロボット、荷物を運ぶ大型ドローンなどが挙げられます。当然、これらの製品を構成するモジュール、部品、素材や製造設備も含まれます。

製品例を見てお分かりのように、運用中の製品が故障すると人命にかかわる事故に発展する、あるいは、大規模な社会問題が生じて大きな経済損失が発生する類の製品である事が特徴です。

問題を起こすと大事になるリスクはあるのですが、事業面では良いこともあります。その1つは、技術で差別化をするために模倣されにくく、コモディティ化しにくいことです。もう1つは、社会的な価値、顧客価値が高く、しかも長期間使用するものが多いため、製品が市場投入されて一定のシェアを獲得できれば、10年、20年と長期間に渡って、売上げと利益を上げつづけることが出来ることです。

さて、タイプCでは新技術の開発をいかに上手に進めるかが鍵であると申し上げました。

新技術の開発ですが、自社だけで実施できる場合とそうでない場合があります。

タイプAの所で述べた文脈と同じですが、社外機関との協働作業が必要になった場合、単独で行うよりも開発費を軽減でき、しかもスピードを高められるメリットはあるのですが、そのマネジメントは確実に複雑になります。

それは当然です。社外機関との協働作業をする場合には、その利害が一致しなければ前に進みません。一見、利害が一致したと考えて共同研究、あるいは共同開発の契約を締結して活動を始めたら、実は利害が完全には一致していなかったことが判明し、その調整で四苦八苦することもあります。

とはいえ、後の章で述べるように正しいやり方で行えば、これらの問題はほとんど解決できるので悲観する必要はありません。

では、最後に残ったタイプBについて説明します。図を見れば一目で分かると思いますが、タイプBはタイプAとタイプCの中間的存在です。ゆえにその特徴もタイプAとCの中間に位置します。

タイプBに属する代表的な製品としては、乗用車、家庭用大型家電、住宅用設備および住宅があり、それらを構成するモジュール、部品、素材及び生産設備なども含まれます。

タイプBの製品開発が、タイプAとタイプCの中間にあることを理解いただくために、乗用車を例にとって説明します。

例えば、既存技術を組み合わせることによって、これまでに無かった斬新なスタイルの車を開発する場合などはタイプAに属します。一方、既存技術を改良して性能を高めつつコストダウンを行う場合はタイプBです。タイプBに馴染みのある人は多いでしょう。

これに対して、電気自動車や自動運転車など、既存の乗用車コンセプトを大きく変える製品を扱う場合はタイプCに属します。車というコンセプトは変わりませんが、駆動系や制御系システムのコンセプトは一変し、部品や素材も変わり、そこに新技術が適用されるからです。

同じ『新技術』という言葉が使用されていても、タイプBとタイプCでは大きく異なることを忘れてはいけません。タイプBにおける新技術は既存技術の改良である場合が多いですが、タイプCにおける新技術は本当に新しいものなのでリスクが高いのです。

ここまで3つの製品開発タイプについて説明してきました。開発タイプにより、製品の企画や開発の流れがガラッと変わることをご理解いただけたと思います。

ここから言えることは、「開発のタイプにマッチしたやり方で仕事を進めないと、いくら頑張っても空回りばかりする」ということです。

それをご理解いただくために数年前に実際に起きた事例を1つだけ紹介します。これは海外の有名な大企業で起こりました。この大企業は柱となる事業を複数持っていましたが、どれも産業用製品であり、前述のタイプCの製品開発をしてきました。

その頃、製品開発の生産性を飛躍的に高めるとして新しい方法が提案されました。その方法はIT企業のソフトウェア開発で成果を上げ、複数の企業に採用され、評判を高めていました。ソフトウェア製品の多くはタイプAに属するので、この開発方法はタイプAに適した方法であることが実証されたと言えます。

前述の大手企業のCEOは、自社の産業用製品における開発生産性を高めようとして、この方法を全社に大々的に取り入れました。しかし、その数年後、この企業の業績は急速に悪化し、このCEOは解任されてしまいました。

CEOの選んだ対策はほとんど効果を上げませんでしたが、それは当然と言えましょう。タイプCの製品にタイプAのやり方を押しつけても、上手く行くはずがないのです。

産業用製品において、顧客価値がハードウェアからソフトウェアへ価値の移行が起こり始めていたことは確かです。仮に、ソフトウェアだけで新しい価値を付加するのであったならば、タイプAの製品として扱うことは可能でした。

しかし、この大企業は、ハードウェアで顧客価値を大きく向上するタイプCを維持したまま、ソフトウェアで更なる価値を上乗せしようとしていたのです。このような場合には、時間に対して開発リスクが下がるペースの遅い方に全体の流れが支配されます。

つまり、タイプCとタイプAが共存する製品の場合には、タイプCに支配されやすいということです。その環境下で無理やりタイプAを押し付けたならば、上手く流れるはずがないのです。ご理解いただけたでしょうか。

逆の場合も同様です。タイプCの方法をタイプAの製品開発の場に持ち込んだら、開発スピードが極端に遅くなり、市場投入が遅れ、他社の後塵を拝することになるでしょう。

時間を掛けて企業風土を変えたい時など、あえて異なるタイプの方法を導入することが効果的な場合はあるものの、短期間で成果を出すのは至難の業なのです。

ここまでの内容をシンプルに整理すると以下となります。

- **製品開発には3つのタイプがある**
- **ほとんどの製品はこのタイプのどれか一つと相性が良い**
- **相性の悪い方法で開発を行うとうまく進まない**

あなたの製品がどのタイプに属するか、是非、検討いただきたいと思います。

日本の製造業では開発リスクを洗い出すスキルが低下している

本節では開発の流れを阻害するリスクを洗い出すことがメインテーマなのですが、製品の企画段階における実際の話を聞くと、かなりの頻度でお粗末な検討結果に遭遇します。日本はかつて世界屈指のものづくり王国だったことを考えると、とても妙な話です。なにが妙かということについて、以前、友人と飲み屋で話した時の会話が分かりやすいと思うのでここに引用します。

友人Tがまず、問いかけてきました。

「日本の製造業は確かに今でも強いけど、20世紀の時と比べると明らかに弱くなったよね。もちろん、昔も製品の故障はあったけど、今日のような初歩的ミスから来る話ではなく、『この故障は予想できないだろう』と思える難しいものだった。今成、なんで、こうなってしまったのかな？」

難しい質問ゆえ、どう答えるか少し悩みましたが、アルコールが入っていることもあり、ただ、思うままを言いました。

「新製品は、その前の製品と比較して何か良い所、新しい所がないと売れない。だから、製品企画の段階でもそこの所が議論になる。良い所、新しい所の代表例は、『新しい機能』や『新しい便利さ』、そして『安さ』だ。

言うのは簡単だけど、これを実現するには、新技術を開発して適用する必要が出てくる。技術の改良だけで済む場合もあるが改良だってバカにできない。新技術開発と同じくらい苦労するものだってあるからだ」と話し始めました。

「Tよ、新技術の開発は、はっきり言って失敗の連続の後にようやく得られる種類のものだ。でね、この途中の失敗の中にはものすごく沢山の学ぶべき教訓が詰まっている。しかし、多くの人は『失敗』という言葉を嫌って途上の苦しい話を忘れようとする。例外は失敗を経験した人で、彼らはそれを体得し糧にして成長していくんだな。

問題はこれらの大事な教訓やノウハウがうまく組織の中で伝承されないことなんだ」

「なるほど。もったいないと言うか妙な話だな。失敗は宝の山なのに、失敗したことを認めたくないから宝の山が放置され、結果として組織は学習しない。

一方で経験した個人だけはそれを身に付けるということか。なるほど。建前を重視する社会ではそういう形で物事が進みそうだな」

Tは、一旦、納得しかけましたが、次の質問を投げかけてきました。

「でも今成さ、失敗を経験した人は色々と学んで、技術開発や製品開発の良きリーダーとして育つんだろ？ それはそれで一つの良い仕組みじゃないか？」

「そうなのだが条件がある。それは、重大な失敗であればあるほど、失敗の原因を人のせいにせず、社内の仕組みに問題があったと考える風土だ。なぜなら犯人捜しをする風土だと、失敗を隠してしまい、その結果、組織の学習が進まなくなるからだ」

こう返答すると、Tは独り言を呟くように言いました。

「昔は多くの企業において若手に失敗をさせながら学ばせる教育をしていた。なぜなら、机上で学ぶよりも実際に経験して学ぶ方が効率的だと認識されていたからだ。でも近頃は違うな。生産性向上のかけ声が強くて、『失敗は無駄なもの』として許さなくなってきた。社内に『失敗を嫌う風土』を造り上げているということだな」

Tは納得した様子でしたが、また少し考えた後、こちらを攻める口調で言いました。

「例外的な会社もあるとは思うが多くの企業はそうなりそうだな。今成、このままだとまずいのではないか。どうするんだよ？」

「うん。既に対策は考えていて、そのトライアルも実施した。困っているチームが本気で取り組むとうまく行くことは実証されている。ただ、その話を始めると長くなるので、次回にしてくれないか」と言って、その場はお開きとしました。

さて、ここまで、顧客価値を高め、開発の流れを良くすることを中心に話してきました。特に開発の流れを良くする事については、自社内でクローズできる企業は恵まれており、成果が出しやすい。これに対して社外と協働作業が必要な場合には新たなリスクが生じると述べました。次は、社外の相手がいる実例の話に移りたいと思います。

「開発の型と流れ」が分かると、全体像が見えて仕事が楽しくなる

前述したようにK社の新事業部門は、当初、目標とする新事業の製品開発をどう進めて良いかを想定できず、立ち止まっていました。しかし、当社のコンサルティングを受け、開発の流れを具体化することにより、前に進めるようになりました。

開発の流れを具体化することは、時間の経過に沿って何が起きるかを想定できるようになることであり、そこから開発リスクも具体的に洗い出せるようになります。そうなると、次はそのリスクの大小が認識できるようになり、事業化までに超えるべきハードルを正確にカウントできるようになります。

ハードルは大きく2つに分類することができます。1つ目は自社だけでクローズできる

ハードルです。これは自社で努力して超えることが原則です。2つ目は、他社との連携や協業がある場合に生じるハードルです。ここには、自社、他社が個々に内在するリスクに加え、自他の調整結果として発生するリスクがあります。

連携・協業の相手としては顧客、パートナーおよびサプライヤがいます。

顧客とサプライヤについては説明不要だと思いますが、パートナーは製品開発における運命共同体の一員と考えると良いでしょう。昔は、事業に必要な技術や設備など、何でも自前で揃える傾向が強かったと思います。しかし、今日ではそのやり方は通用しなくなりつつあります。

特に開発段階ではスピードが重視され、自社に不足する技術等を他社と連携して入手し、事業化を進める傾向が強まっています。しかし、技術系、製造系企業の中には、これらの連携相手の実力を十分に検討しないまま開発に進んでしまうケースを多々見かけます。

K社もやはりそうでした。ここからはその事例に沿って説明していきます。

「開発リスクを洗い出してもらいましたが、その中で、事業に大きな影響を及ぼす項目をリストアップしていただけますか？」と質問を投げかけました。すると製品企画を担当している基幹職Fさんから次のような回答がありました。

「一番大きなリスクは素材の特性を改善しなければならない部分です。その次に、基材から部品素材の形を造るプロセス開発、最後は製造コストです」

「なるほど。大きく3つの技術リスクがあるということですね。2番目の基材から部品素材の形を造るプロセスは自社で開発するのですか、それとも他社と協業するのですか？」

「基材は自社開発しますが、複雑形状の成形は難しいため、他社との共同開発を考えています。具体的にはS社と一緒にやろうと考えています」とFさんは答えました。

「S社ですか、私も知っています。この会社は様々な製造設備を持っていて、開発段階のパートナーとしては良い相手ですね。ちなみに量産段階に進んだ時には、どうする計画ですか？」

「量産もS社で進めようと考えています」とFさん。

「S社の幹部とはどこまで話をしたのですか？」

「いえ、まだ、現場の担当としか話していません。とりあえず、共同研究は対応できるだろうという所までは確認しました。そこまでです」とFさんは淡々と返答しました。

「目標製品の年間の生産数について御社と一緒に調査し、開発段階と量産段階における生産数を把握しましたよね。S社は開発段階には対応してくれると思います。でも、量産段階にも付き合ってくれるか分かりませんよ」と指摘しました。

「えっ、そうなんですか？」とFさんは少し驚いた顔を見せました。

「相手の立場で考えてもらえば分かります。もし、量産に進むならば、結構な設備投資が必要になりますよね。あなたがS社の幹部だったらどう反応しますか？」

「確かにすぐには決められません」

「開発も始まっていないので、当然、量産の話などすぐに決められないでしょう。とは言え、事業として目標の売り上げを達成するためには量産化まで進まなければなりません。開発段階までうまく行ったとして、その後にS社が量産から下りると言ったらどうするのですか？」

Fさんは黙ってしまいました。

「Fさん、幹部同士で一度、話をした方が良いと思いますよ。S社の幹部の立場になれば、多分、開発が終了した時点で、その時の市場動向や量産投資額などを見で判断したいと返答するのではないでしょうか？」

「確かに自分がその立場にいたら、そう言うと思います」とFさんは答えました。

「S社が量産に進んでも良いという条件を詰めていくか、あるいはS社が抜けた場合であっても事業を続けられるように契約条件を詰めておくことをお勧めします」

「たしかにそうでした。検討します」とFさんは納得して返答しました。

パートナーに関する話が一段落したので、次にサプライヤの話に進みました。

「御社の製品を造るために必要な素材類のサプライヤについても同様の質問をします。Fさん、開発、量産段階ともサプライチェーン的に対応できる見込みですか？」

「はい。こちらについては詳細な検討を実施済です。量産まで対応できるという確度の高い見込みを得られました」

「了解しました」

自社の担当分についてはしっかりと検討されており、安心しました。

「では、次に顧客の話に進みましょう。潜在顧客はA社とB社の2社を挙げていましたが、C社やD社も潜在顧客ですね。それぞれに対する売り込み方は考えていますか？」

「はい。この4社が売り込み先の候補です。売り込みは、素材の特性を改善した時点で試作品を持参して面談を行うつもりです。どの会社にも同一のアプローチで進めるつもりなのですが…」とFさんは、質問の意図が分からないという顔をして答えました。

「ティア1メーカが顧客の場合、彼らはそれぞれ強みと弱みを持っており、それを考慮する必要があります。売込み提案をする時には、相手の弱い所、彼らの手が回っていない所を研究して、そこを突く提案を持っていくことをお勧めします」

「確かにそうですね。相手が強い所に対して提案をぶつけても相手にされませんからね。

良いことを聞きました。これから検討します」とFさんは答えました。

その後、しばらくしてFさんから電話がありました。

「相手の強みと弱みの調べる方法の部分で難航しているので、相談に乗ってほしい」ということでした。そこで、当社が他社を調査する時によく使っている手法を伝えました。

それから1か月後にオンライン会議を開催しました。その時、Fさんは嬉しそうな表情をしながら言いました。

「前回の会議の後、潜在顧客について調査を行いました。精査するには数か月は掛かりそうですが、すでに分かってきたこともあります。A社、B社はもちろん、C社、D社についても彼らの弱みを突く提案を作れそうだという感触を得ました」

「それは良かったですね。パートナーについてはどうですか？」

「はい。こちらも挨拶を兼ねて幹部同士の会議を実施しました。先生の言われた通り、S社は開発には乗り気でしたが、量産は現時点では分からないという態度でした。開発の段階におけるパートナーはS社で良いとしても、量産段階における別のパートナー探しも始めようと思いました」とFさんの口調は快活でした。

「先生、アドバイスに従って製品企画をしてきましたが、全体像が見えてくると仕事が実に面白くなりますね。自社と他社の分担はもちろんですが、自社内部における役割分担とその目標が明確になりました。事業計画についての社長や役員の審査でもパスできそうです」

この話を聞き、K社の製品企画も軌道に乗りそうだなと感じて安心しました。やはり、仕事は、苦しい時があるにせよ、基本的に楽しくないと各人の持つ能力や才能を発揮できません。

製品企画という仕事は、事業の全体像を俯瞰できる非常に楽しい仕事なのです。企画時に多くの課題を特定し、それらの関係性も考慮しながらひとつずつ検討することにより、当初は予想もしなかったような課題間にある相互作用についても気付かされます。

前述したように、複数のBtoB顧客がいる場合には、それぞれの顧客が欲していることが少しずつ異なります。その差を研究し、彼らが本当に欲しい提案を持っていくと、相手の顔に必ず反応が現れます。それを見逃してはいけません。

この本を読んでいる読者の方々には、是非、顧客の食指が伸びる『本物の製品企画』を作れるようになって欲しいと思います。きっと、毎日が楽しくなるでしょう。やりがいが苦労や苦痛を上回るようになるということです。

さて、次の段階は、「開発の流れをスムーズにするために、具体的にリスクをどう特定し、低減していくか。さらには、ビジネス面、技術面、生産面、さらにはサービス面において、成功と失敗の境目をどう設定し、その境界をどう超えていくか」を具体化する実務です。アイリスマネジメントの製品開発法をしっかり理解し、実務に適用していくには若干の準備が必要です。次章では、その準備として方法の概要を述べたいと思います。

概要では、製品開発の成功と失敗を左右する3つの要素に焦点を当てて述べます。即ち、製品の安全性、開発スピードおよびコストです。機能や性能は個々の製品によって異なりますが、これら3つは共通する事項だからです。

同時に、いくら機能や性能が優れていたとしても、これら3つの事項で劣っていたならば、競争力の高い製品を開発できないからです。それでは次章に進みたいと思います。

第3章

『絶対に失敗できない製品開発』において、安全性、スピード、コスト競争力を同時に高める3つの急所

いつの時代の製品でも必ず求められる安全性、これを高める急所

製品使用時の事故責任が使用者から製造者(メーカ)に移る時代

皆さんは、これからの時代の方向性あるいは成長分野をどのように考えていますか?私がお付き合いしている人達は、大抵、「脱炭素と自動化、無人化」と答えます。従事する分野によって答えは変わると思いますが、ひとつの正解ではないでしょうか。

「脱炭素と自動化、無人化に社会が進んでいく時に考慮すべきことは何か」と問うと、立場により返答は変わりますが、従来とあまり変わらない回答が返ってきます。

すなわち、「投資の回収期間だ」、「事業の成立性、収益性だ」といった回答です。

これらの答えは基本的に正しいのですが、製品を売る側の考え方です。脱炭素と自動化、無人化によって社会の技術基盤には大きな変化が生じます。購入するユーザーはその変化に対して必ず不安を感じるものであり、その視点が抜けています。

製品ユーザーにはサービス業の企業の他に個人もいます。彼らはその製品を使うことによる生産性の向上や利便性の向上等、何らかの投資効果を期待しています。ただし、その

大前提として製品が安全であることを暗黙に求めています。

安全性が重要なのは事業の持続性を考えれば当然のことです。安全性が不十分な製品やサービスは、生産性や利便性の高さによって一時的に売れることがあっても長続きはせず、最終的には社会から排除される運命にあるからです。

そして、『自動化、無人化』という分野について、この暗黙の条件が強く求められることは明白です。『安全性』という言葉が意味する内容を単純明快だと考える人達がいますが、製品事業を営む企業の立場で考えると、実に複雑で扱いが難しいものです。

なぜなら、製品やサービスの利便性、生産性、あるいは経済性を高めようとすることが、実は不安全性を生み出す発生源となる場合が多いからです。

以前、この点について友人Tと議論したことがありました。以下にその内容を示します。

「今成、これからの時代の製品は脱炭素と自動化、無人化に向かいそうだな。直近はともかくとしても、今後の成長分野としてこれくらいしか思いつかない」とTが話を始めました。

「そうだな。脱炭素化の動きは当初、一部の国や地域に限られていたが、数年のうちに全世界に広まった。とは言え、急には変われないからゆっくりと変わっていくことになるだろう」

「もう一方の自動化、無人化はどうだ？　個人的には、こちらは急速に進んでいくような感触を持っているんだがね」とＴは言いました。

「そう思う。機械の自動化はその発明以来ずっと続いてきたが、半世紀くらい前に機械にコンピュータが組み込まれるようになり、そこでステップ的な進化が起きた。その後は再びゆっくりした進化に戻ったが、ここに来て別系統で発達した情報技術、特にＡＩだが、これを組み込むことで再びステップ的な進化が起きそうだ」

「例えば、自動運転車、無人工場やドローン配送だな？」

「そう。それらは代表例だがそれだけに限らない。小売りや家事などもどんどん自動化されていくだろう。もちろん、人はあえて自分の手足を使ってやりたいこともあるから、やりたくない作業の自動化が進んでいくはずだ」

「今よりもさらに便利な時代になるということだな」

友人Ｔは頷きながら言いました。

「でもＴ、製品やサービスの利用者、ユーザーは便利になるだろうが、事故が起きた時、責任が誰にあるかが分かりにくくなる時代になるだろう」

「どういうことだ？」

「自動運転車の例が分かりやすいと思う。もし今、自分で運転する従来型の車で事故を起こしたら誰の責任になるだろうか？」

「状況に依るが、ドライバーの責任になる場合が多いだろう」

Tは当たり前のことを聞くなという顔をしながら言いました。

「そう。大抵はドライバーの責任になるだろう。しかし、自動運転車に乗っていた時に人身事故が起こったとしたら、それは誰の責任になるのだろうか？」

「自分で運転していないのだからドライバーの責任ではなさそうだな。運転している車は自分が所有している場合もあるが、カーシェアやレンタカーの場合もある。そう考えると、必ずしも車の所有者でもないかもしれないな」

「そう考えたくなるだろう。もちろん、整備不良が原因ならば所有者やサービス業者の責任になるだろうし、運転前点検をしなかったことが事故に直結したならば、ユーザーが責任を問われるだろう。しかし、メーカが発行したマニュアルどおりに運転前点検や整備を実施していたとしたらどうなる？」

「今成、それはメーカの責任が問われるということか？」

「そうだ。メーカの責任が重くなる。しかも、人身事故が発生した場合には刑事事件になる。日本では刑事罰は個人に課される罰だから、企業の特定の誰かの責任になるということだ。航空機産業ではこの問題は昔からあったので対処する仕組みが出来ている。だが、航空機以外の業界でその手の話を聞いたことは無い」

「単純化して言うと、自動車事故を起こした時、その責任がドライバーという個人から、事故原因となった製品やその部品メーカの誰かに行くということだな。経営者でも技術者でも、事故の責任がその人にあると判明したら、その個人が罪に問われるということだな。刑事告訴されたとなると、その企業をクビになる可能性も出てくるな」

「そのとおり。だから、自動化、無人化を進めた製品では、従来よりも安全性への配慮が強く求められる。また、安全面での責任を明確化する仕組みにしておかないと、問題が発生した時に責任の擦り付け合いが生じて社内は混乱し、評判を落とすことになる」

「安全性の担保と責任の明確化か。その通りだ。ただ、今成よ。自動化、無人化の製品における安全性は従来のものと少し違う気がする。安全を確保するために、従来よりも、一段も二段も複雑な仕掛けにしなければならなくなるのではないか？」

「鋭い指摘だ。従来よりも複雑さが増し、それを制御しようとすると、別の不安全性が生じる。いたちごっこ的に複雑さが増していく環境では従来の考え方が通用しなくなる。だから新しい安全性の考え方が最近になって出てきた。安全２．０と呼ばれている」

「安全2．0か。最近は何でも2．0の時代だな。お金2．0、仕事2．0、この間は冷戦2．0というのも見たぞ。だから安全に2．0があっても驚かない。しかし、中味はさっぱり分からん。これまでの安全と何がどう違うんだ？」

「安全2．0について説明を始めると、安全性の本質とは何かという所まで戻って話をしなければならない。少し長くなるがいいか？」

「面白そうだから構わない」とTは即答しました。そこで、ここからは、安全2．0の話に移りたいと思います。

これからの時代にあった安全性の考え方とは？

人は、自分が生活や仕事をしている環境に慣れてしまうと、それを当たり前のことだと見なす傾向があります。常識と呼ばれることもありますが、思い込みや偏見である場合も少なくありません。

そして、一旦、思い込みの状態に陥ってしまうと、ありのままの現実を直視することができなくなってしまうのです。その意味で、「常識を疑え」という格言は時代を超えて生き続けています。

変化の時代であっても製品には必ず安全性が求められます。ただし、周囲の環境が変化すると、安全性の中身が変化します。ひと昔前の安全性と今日の安全性、未来の安全性とは少しずつ中身が異なるものになるでしょう。

「安全性は安全性だ。何をいっているんだ?」と反論する人も多いでしょうから、少し詳しく説明します。説明上、一旦、安全性の話から離れて日常生活の話をします。

生活や仕事をする今日の環境が100年前と比べ、大きく変化したことは誰もが認めるでしょう。しかし、その変化が我々にどういう影響を及ぼしているかについては、あまり意識していないのではないでしょうか。次の話はその一例です。

あなたはお腹が空いて何かを作って食べようとしている状況にいると考えてください。もし100年前ならば、薪や炭を入手する所から始める必要があります。炭はともかく薪は家の周辺を探せば見つかるでしょう。火はどうするか? 日本でマッチが造られ始めたのは150年前なのでマッチは入手できます。マッチで火を起こせれば水を温めてご飯を炊く、あるいは蕎麦やうどんを煮込んで食べ物を作れますね。

一方、今日であれば、電気ポットでお湯を沸かし、カップラーメンにお湯を注ぐだけで食べ物にありつけます。しかし、電気ポットが故障していることに気付きました。あなたの家はオール電化の環境でありガスは使えません。

台風が来ていて外に出歩けません。食べ物を作るには、電気ポットを修理するしか方法がなさそうです。あなたは電気ポットを自力で修理できますか？

何を言いたいのかというと、１００年前の生活環境はシンプルなので何か問題が生じても大抵のことは自力で解決できました。一方、今日の生活環境、仕事環境は技術の進歩によって便利になったものの、その分だけ複雑さが増して自力で解決できない問題が急速に増加しているのです。

「自力で解決できないならば、専門の業者を呼んで解決すれば良いではないか」と主張する人もいるでしょう。その通りなのですが、実は次第にその解決策も使えなくなりつつあるのです。

従来は、製品やサービスそのものがシンプルだったので、仮に事故や問題が発生しても、原因調査を丹念に行えば原因を解明することが出来ました。原因が分かれば、対策を打つことができ、問題を解決することができました。

しかし、社会全体が複雑な技術的環境で覆われるようになると、特に異なる専門分野を組み合わせて作られた製品を使用している時に故障や事故が発生すると、一般の専門業者では解決できなくなりつつあるのです。

安全性の観点からこの状況を眺めると、従来の考え方だけでは、製品やサービスの安全性を保証できなくなりつつあるということを意味しています。

エリック・ホルナゲルというスウェーデンの学者は、このような状況を懸念し、安全性の考え方にパラダイムシフトを持ち込みました。それが安全2．0という概念です。安全2．0はこれからの製品企画、開発において非常に重要な役割を果たすと考えます。ただし、ホルナゲル氏の原著は難解かつ発展途上の内容であり、補足の説明が必要です。そこで、航空機産業における長年の経験に基づいて補足をしながら、以下に平易で分かりやすく説明します。

「今成、先日、安全2．0とか協調安全という言葉を聞いたのだが、これまでの安全性と何が違うんだ？」と居酒屋でいつもの友人Tが尋ねてきました。

日本でも、最近、安全2．0という言葉を見掛けるようになりました。しかしながら、その意味や使われ方には誤解が多く、むしろ安全性を損なう方向に進もうとしている場合が散見されます。

以降でその誤解を明らかにしたいと思います。

「社会が産業化され、人は便利な生活をできるようになり裕福にもなった。たとえば、自動車で遠くに移動できるようになったし、大規模な集合住宅ができ、安価に快適な環境に住むことができるようになった。

しかし、交通事故が増えた。日本ではかつては毎年、約一万人が事故で亡くなっていた。また、集合住宅は下層階で火事が起きると厄介だ。さらに住宅建設を行うには大きな建設機械が必要であり、工事現場で働く人が事故に巻き込まれることも増えた。

人の生活は豊かになったが、事故やケガをする機会も同時に増えたということだ。その結果、安全性を真面目に考える必要が生じた。この段階がいわゆる安全1．0だ」

「話は分かるが、その種の事故は大昔からあったのではないか？　例えば、馬車と人の事故もあっただろうし、木で造った橋が落ちる事故などもあっただろう」と友人Tが疑問を呈しました。

「もちろん昔からあった。ローマ時代には、橋を造った人は家族とともに一定の期間、橋の下に住まなければならない規則があったそうだ。そういう形で品質や安全性の保証をしていたんだ。これを安全0．0と言えるかもしれないな」

「それは確実な方法だな。手抜きやモラルハザードを抑制できる。少量生産の時代には優れた方法だ。しかし、大量生産の時代には適していないな」とTは指摘しました。

「そうだ。だから、安全1．0の考え方が本格化したのは産業革命の後だ。大量生産が始まって事故が増えはじめ、事故の発生原因を論理的に突き詰めて対策を打っていく方法が標準になったんだ」

「そういうことか。今の我々が普通に考えている安全性は安全1．0ということだな」

友人は納得した模様です。

「事故原因がシンプルな場合はこの安全1．0の考え方が今でも有効だ。しかし、今日の社会環境はすでに技術的に複雑であり、更に複雑になりつつある。その結果、事故原因を明確に解明できないケースが増えてきた。だから安全2．0と言う考え方が出てきた」

「世の中が技術的に複雑になり、どんどん分かりにくくなってきていることは何となく分かる。だが、なぜ、急に複雑になってきたのか、そこが分からない。今成、まずはその所を分かりやすく説明してくれないか」

「では、世の中を複雑にした犯人を具体的に挙げて説明しよう。一人目の犯人は半導体の集積回路だ。今の半導体チップには億とか兆のレベルの素子が含まれている。当然だが、素子は人の目には見えない。人では検査できないということだ。

だから特別な検査装置によって製造時に異常がないかを検査、判定する。ここで異常の有無は判定できるが、一つ一つの素子のその後の寿命までは予測できない。だから、運が悪いと新品を買ってすぐに壊れることがある。逆に運がいいと長い期間壊れない」

「半導体の素子はまるで人間みたいだな。生まれた時は健康でも身体の強い弱いがある。年を取ると少しずつ身体にガタがくるものだが、ガタが来るのが早い人と遅い人がいる。その結果、寿命にも長短の差が生じる」とTが口を挟みました。

「うまいことを言うな。半導体素子もまるで人間のように少しずつ違う。また、その後の使われ方によっても寿命が変わる。使用しているうちに、弱い素子から故障をし始めるのだが、それが大きな事故につながるか、些末な影響しか及ぼさないかは予測できない。チップ上の発生場所やチップを組み込んだ製品の運用にも依るからな」

「今の製品にはほとんど半導体が入っているよな。単に何かの計算を行うだけの場合もあるが、モノの制御に用いている場合もある。億とか兆とかある個々の素子がどんな問題を引き起こすのかは予想不能だということは良く分かった」とTは納得しました。

一人目の犯人の話を友人が納得したので次に進むことにしました。

「二人目の犯人は大規模ソフトウェアだ。半導体は非常に精工なモノだが、それ単体では役に立たない。有効に使いこなすためにはソフトウェアが必要になる。このソフトウェアあるいはプログラムは小規模なものから大規模なものまで様々だ」

「今成、プログラムのことは良く分からん。ベーシックという言語で小さなプログラムを作成したことはあるがその程度だ。難しいことを言うなよ」とTは念を押してきました。

「小規模なプログラムは機能も限定されているし、間違いがあってもすぐにそれを特定して修正できる。しかし、大規模で多機能なプログラムになると、正しく動かないことがときどき起こる。ユーザーはプログラム作成者が予想もしない使い方をするからね。

また、プログラム言語の基本命令だけを使って書いたプログラムならば、問題が生じても丹念に追及すれば必ず原因にたどり着ける。しかし、プログラム生産性を高めるために他人の作成したライブラリの使用を増やしていくと、次第に手に負えなくなってくる」

「ライブラリというのは何だ？ また、なぜ、ライブラリが増えると手に負えなくなるんだ？」

Tが素早く質問を入れてきました。

「そうだな。例えば、コンピュータは、ディスプレイとか記憶装置とかキーボードなど、ひとまとまりの機能を持つ装置を組み合わせて使うだろ。ソフトウェアにも、画像を読み取るとかグラフを書くなど、まとまった機能を持ち、プログラムの中で引用できるものがある。これをライブラリとかサブルーチンと呼んでいる」

「そうか、言いたいことが分かってきた。我々はキーボードやディスプレイは繋ぐだけで簡単に使えるが、自力でこれを作れないし壊れても修復できない。プログラムにおけるライブラリも同様のブラックボックスだということが言いたいんだな？」

「そのとおり。Tは飲み込みがいいな。ライブラリが、どんな運用であっても問題を生じずに動けば良いのだが、何かトラブルが起こると自分だけでは対処できなくなる。

さらに、最近のソフトウェアでは、引用したライブラリがさらに別のライブラリを引用している場合が多い。建設工事において下請けとか孫請けというのがあるが、ライブラリでも同じように階層構造がどんどん深くなってきているということだ」

「それは面倒だな。企業においても、階層が増えるとコミュニケーションが悪くなって問題が起こりやすくなるが、それと同じだな」

「そう。まるでソフトウェアの迷路の中に入り込んだ感じになる。専門家であっても、平均的スキルの人では対応できないケースが増えつつあるということだ」

Tは少し考えた上で、自分の言葉で言いなおしました。

「ライブラリを多用すればソフトウェアづくりの生産性は上がる。しかし、使っているライブラリに欠陥があると、あるいは、ライブラリの使用限界を超えた使い方をすると、予想できないことが起こるということだな、今成」

「そうだ。半導体にしてもソフトウェアにしても、信頼性や安全性を担保するためには、従来の仕掛けに加えて別の仕掛けをプラスする必要が出てきたということだ」

前述の半導体とソフトウェアは増加傾向であり、我々の生活や仕事の中にどんどん入り込んできています。今後、大きな影響を受けるに間違いありません。『安全性』を維持し続けるための考え方を見直すタイミングが来たと言えるのではないでしょうか。

友人Tとの話は続きます。彼は深遠なことを言いはじめました。

安全性を担保することが難しい理由

「よく考えると、安全というのは妙な概念だな。自分が被害を受けない状態を安全というのだろうが、一番安全なのは何もしないことだ。

しかし、それでは人は退屈してしまう。何かをしようとする。すると安全性が低下してケガをする可能性が生じる」

「Tはいい所を突いてきたな。今の話は本質安全にかかわる話だ」

「なんだ、それ？」

友人は聞き返してきました。

「製品ビジネスで使う言葉だよ。『本質安全』と『機能安全』という言葉を使う」

「言葉の定義を説明してくれ」

「本質安全というのは、技術面はもちろん、使う人のことも考慮して、不安全リスクを許容できるレベルまで低減した製品、サービスを提供することだ」

「堅苦しい表現だが意味は分かる。ただ、その説明を聞くかぎり、製品もサービスも本質安全だけあれば充分であるように聞こえるぞ、今成。

なぜ、2つ目の機能安全が必要になるんだ？」

「具体例を聞けば分かるよ。例えば、自動車で本質安全を保とうとすると、制限速度をすごく低く抑えるのが一番簡単だ。例えば10キロ毎時とかね。

でも、そこまで速度を制限すると自動車を使う意味がない。ほとんどの人は、自動車を持てばそれをもっと高速に走らせたいと思うし、実際にそうしてきた。

これは、本質安全の枠を外し低下させることを意味する。人やモノを高速に輸送できるようになったが、それと引き換えに自動車同士の衝突や人身事故が発生するようになった。

そこで、便利さと安全性を両立させるために機能安全という概念が出てきたわけだ」

「そうか。機能安全は付加的に安全を高める機能ということだな。自動車に装着されているシートベルト、エアバッグ、最近の自動ブレーキも、すべては機能安全を高める道具ということか」とTは納得したようです。

「人間は、より少ない手間でより早くより安く目的を達成したいと考える傾向がある。そのために本質安全を低下させようとするのだが、とは言ってもやはり危険は避けたい。そこで、機能安全を追加するようになるんだ」

このように話すと、Tは少し考えたのち、次のように言いました。

「人間が便利さを求めることが危険を生み、その危険を低減するために機能安全を付加するが、さらに便利さを追求すると機能安全が複雑化して肥大化する。そこにミスが入り込むと、安全装置が働かなくなるだろう。複雑化したシステムでは、何が本当の原因なのか見つけられるとは限らない」

「そういうことだ。例えば、人手不足を補うためにロボットを多用するようになった。ロボットと人が一緒に仕事をする場面も増えてきそうだ。でも、ロボットは金属で造られているから人と衝突すると人がケガをする。

だから、ロボットと人が協調して安全を確保する『協調安全』という考え方が出てきた」

「やっと『協調安全』の話になったな。いったい、どう協調して安全を確保するんだ？」

「例えば、ロボットと人の距離が一定値以下に近づいたら停止するとか速度を落とすというのが代表的な対応だ」

「ロボットと人が協働するために、人を守るための安全装置を追加するということだな」

とTが確かめるように言いました。

「そう。ただ、生産性を高めるには速度を増す必要があり、それは安全性を低下させる。この2つを両立させようとして安全装置が肥大化していく。そうなると、次は安全装置の故障が気になり始める」

「そうだな。生産性を高めつつ安全性をギリギリの所で保っていたならば、安全装置が故障した途端に大きな事故が起こりそうだな。単なる協調は本質的な安全対策にならないということだな。よく分かったぞ」という所で友人Tとの会話は終わりました。

そうなのです。生産性と安全性を両立するためには機能安全を付加する必要があります。しかし、本質安全の比率を下げ機能安全の比率を上げていくと、機能安全を提供する製品やサービスの故障が致命的な問題を起こす引き金になるのです。

半導体とソフトウェアを含む製品だけでもかなり複雑ですが、これにインターネットやその後方にあるＡＩ等の別の大規模ソフトウェアも組み合わされたサービスが提供される時代です。問題が起きるとその復旧には時間が掛かりそうです。

すでにその予兆が出ています。２０２２年には大規模な携帯電話の通信問題が発生し、

1日から数日間、携帯電話サービスが使えなくなりました。その後、復旧はしましたが、発生原因の説明や対策は明快とは言いがたいものでした。

携帯通信における事故は、今はまだ人身事故に直結しません。しかし、自動運転の際に携帯電話の通信インフラを使うならば、その停止は人身事故につながる可能性があります。

ではどうすれば良いのでしょうか？ 次はこの問題を考えていきます。

止める安全性、止めない安全性、これからの時代はどちらが重要か？

人が生活する、あるいは仕事をする環境において発生する不安全の多くは、人とモノの間で起こってきました。

例えば、人より硬いモノ、重いモノが人と衝突して危害を与える、あるいはモノが故障して有害な物質が漏れて人に危害を与えるなどです。有害物質としては放射能、毒性、可燃性の化学物質や強い電磁波などが挙げられるでしょう。

人の身体を傷つける不安全の源は今後も大きく変わることがないと思われます。しかし、今後、自動化、無人化がさらに進んでいくことにより、本質的安全は低下し、機能安全を提供する製品、サービスが占める割合が高まっていくことは容易に想像できます。

これについて、いつもの友人Tと次のような話をしました。

「IoTは自動化を促進して便利になるだろう。ただ、先日も話したように安全装置が肥大化し、その装置が故障したら何が起こるのか分からなくて不安だな」と、Tが話を始めました。

「そうだな。これまでの自動化は、人間が決めたプロセスをその通りに行う、いわば、一方向の自動化だった。しかし、IoT時代になれば、人と機械のコミュニケーションは当然として、機械同士でも会話を行って判断する双方向の自動化になる」

「製品の機能安全を担保する装置は瞬時に判断するだろう。人間が関与するとかえって判断が遅れる。

つまり、人の安全は機械同士の情報交換と判断アルゴリズムに委ねられる。機械が人の生殺与奪の権限を持つことになるわけだ。不安だぞ、今成」

「その不安は正しい。機械同士がコミュニケーションする際に重要な役割を果たすのは、結局の所、半導体とソフトウェアだ。素子の故障やプログラム内のミスによって安全性が損なわれるリスクは必ず存在するし、何も手を打たなければリスクは高まるばかりだ」

「そのリスクや人の感じる不安は払拭しないといけないよな。今成、どうするんだよ?」

Tはこちらに詰め寄ってきました。

「そうだな。1つの対応案は、仮に故障が生じても機能安全を担う製品が機能を続けることを担保することだな。これは『止めない安全』とでも表現すればいいかな」

「よく分からないのだが…」

「例えば、航空機は止まると墜落してしまうだろう。だから、この製品は止めない工夫の塊だと言ってもよい。その根幹には2つの考え方がある。1つはフェールセーフであり、もう1つはビルディングブロックだ」

「なんだ、それ?」

Tが専門用語は嫌いだという表情を見せながら言いました。

「フェールセーフというのは、仮に故障が起こっても別系統が機能して故障をカバーし、製品を止めずに一定時間は安全を担保する方法だ。ビルディングブロックという概念は、確実なことを積み上げてシステム全体の安全性を保証する方法だ」

「何やら難しい話だな。ただ、その2つの考え方が、製品の安全性を担保するのに非常に重要だということは何となく分かる。航空機がその考え方を採用して半世紀以上も安全に運行されてきたのだから、その考え方が実証済だということも理解できる」

「実はフェールセーフの考え方は2つに分けられるんだ、T。

1つは、製品やサービスを止めることで安全を確保する考え方だ。例えば、生産工場とか電車や自動車に適用される。

もう1つは、製品を停止するとかえって危険な状態になるため、故障が発生しても製品を止めずに一区切りの運用が終了するまでは安全に使えるようにする考え方だ。機能停止すると墜落する航空機や大規模停電につながる発電所はもちろん、IoTを使って機能安全を保証する製品はすべてがこのタイプに相当する」

「なるほど。製品には『止める安全』と『止めない安全』の2つがあると言うのだな。腑に落ちた。自動化、無人化が進むと、『止めない安全』の重要性が増すことは明らかだな」

Tが納得した所でこの会話を終えました。

今後、自動化、無人化、その他の用途でも、機能安全を維持する手段としてIoTを使うならば、『止めない安全』が必須の要求になるということです。

この考え方は安全1．0の延長にあるとも言えるのですが、どんな状況でも機能安全を維持することを目的としており、その意味では安全2．0にも通じています。

これからの時代における安全性の基盤的な考え方と言えるのではないでしょうか。

ここまで安全性を強調してきましたが、安全性を高めることは、製品開発のスピードを低下させ、製品コストを上昇させ、事業の利益を損なうと考える人がいるかもしれません。以降を読み進めていただければ、それは克服できる課題であると分かるでしょう。

製品開発で差がつくのはスピード、これを高める急所

製品開発を台無しにする根源、重大リスク

第1章において、組織のリーダー格の人の多くが、企画や開発計画の内容を確認した際、何ともいえない不安を感じたことがあるという話をしました。これは、見逃している重大リスクが計画のどこかに潜んでいそうだと感じているということです。

そう感じたとしてもリーダーは変な事を口にできません。適切な指摘をできないならば、その懸念を飲み込まざるを得ません。しかし、指摘をしなかったために後になって問題が発生し、開発期間が延び、最悪の場合には開発がとん挫するというパターンが一定の頻度で起こっています。

開発が遅れる、あるいは、とん挫することは、製品を顧客や市場に提供できず、しかも、競争相手との差が開いていくことを意味します。自社の視点で言えば、開発コストが増え、利益率を低下させます。製品事業にとって最もマイナスが大きい事態と言えましょう。

これを繰り返すと製品事業の競争力はどんどん弱まっていきます。逆に言えば、開発がとん挫する事態を確実に回避してスピードを高められれば、それは、顧客と市場に対する

最大のアピールとなります。

コンサルティングをしていると、リーダー格の人が部下の説明に納得していない表情を見せる時があります。その時、「あなたは○○を懸念されているのですか？」とあえて口を出して尋ねると、はっとして「その通りです」と気付きます。

指摘されれば気付くということは、重大リスクを認識する能力を持っていることを意味します。とは言え、必ず気付くには気付くための仕掛けが必要です。また、単に気付いただけでは不十分であり、気付きを適切な言語に変換し、最終的にはそれを取り除かなければなりません。

本節では、製品開発を台無しにする根源は、開発計画に含まれる重大リスクだと考え、これらを確実に見つけるための『気付き』を促し、見つけたリスクを『言語化、定量化』する急所を述べます。

これを真面目に行うと、一筋縄では解決できないと思えるような課題が表に出てくる事があります。それを見て「これは手に負えない」と考え、見なかった事にしてしまう人もいるのですが、実は難題と見える殆どの課題は解決可能です。

ただし、一定の準備が必要であり、本項はその準備です。課題解決の具体的な方法等については、第5章において詳しく述べます。

この件についても、以前に友人Tと話したことがあったので、その時の会話に沿って述べることにします。

「今成、以前、企業が重大なリスクを見逃すパターンを話してくれたよな。部下の計画を聞くと概ね良いのだが、何か重要なことが抜けている感じがするという話だ。そういう経験をしたことがある。ただ、何が抜けているかが分からなかったのでその時は黙っていたよ」とTが話しはじめました。

「部門長、事業部長クラスの人ならば、必ず、一度はそういう経験していると思うよ。だから、そういう場面で役に立つポイントを整理した」

「それは、いわゆるチェックリストのようなものか？」

「チェックリストとは違う。チェックリストというのは、通常、『はい』か『いいえ』で答えられるものだ。ルーチンワークには適しているが、企画や開発のような自由度の多い仕事には向いていない」

「では、どういうものだ？」

「チェックを行う際の視点、急所だ。製品開発に入り込む重大リスクを低減する、あるいは取り除くためには3つのステップを踏んで進める必要がある」

「面白そうだな。具体的な話を聞かせてくれ」
Tは興味を持った顔をこちらに向けていいました。

重大リスクが入り込む場所を知る

最初のステップは重大リスクに気付くための目の付け所です。重大リスクのほとんどは、製品企画段階で入り込みます。

もう少し具体的に述べると、顧客要求を具体的な製品要求、製品仕様にフローダウンするプロセスで入り込むのです。

顧客要求が重要だということは誰にでも分かります。しかし、顧客は製品を運用する、あるいは、その製品を自社製品に組み込むという立場です。どちらにしても、その製品を使うユーザー目線での要求であり、製品の細部を指示するものではありません。

ですから、顧客要求から具体的な製品の形に落とし込むためには、顧客要求を製品要求、製品仕様の形にフローダウンする必要があります。

しかし、このフローダウンのプロセスにおいて、その本当の意味を理解せず、形だけを真似て実施している場合が非常に多いのです。その結果、ここで重大リスクが仕込まれてしまうのですが、担当者もその上位のマネジャも、後に示す理由により、見逃してしまうことが多いのです。

「今成、フローダウンというのは何だ？」

友人Tは企画や開発には詳しくないので、初歩的な質問をしてきました。

「顧客要求は分かるよな。こんな機能、こんな性能、こんな耐久性、そのうえで価格がこれくらいならば買いたいという顧客の願望だ。ただ、顧客の願望が分かったとしても、その情報だけでは製品を具体的な形にはできない」

「顧客の願望を具体的な製品の形に変換するには、顧客要求とは別の要求、別の情報が必要ということだな？」

「そう。顧客要求を具体的な製品にするためには、まず、細部を含めた製品要求の形に変換する必要がある。その製品要求は、さらに設計要求、生産要求、サービス要求などに展開され、最終的に製品仕様の形にまで落とし込まれる」

「たしかに顧客要求だけでは大雑把すぎて具体的な製品を作れないだろうな。今成、それは大雑把な要求をベースにして、書かれていない細部の仕様を設定していく作業ということだな？」

「そのとおりだ」

「既存事業の新製品の場合には前の製品仕様をベースとして流用できるから楽だろう。これに対して新事業の製品を開発する時はベースが無いから大変だろうな。顧客要求から具体的な製品の仕様に変換するのは相当に難しそうだ」とTが言いました。

「そう。新事業の製品では製品仕様のベースがないから既存事業の新製品よりも難しい。最初にプロトタイプを試作して製品イメージを具体化する所から始めなければならない。それがうまく行かないと先に進めないからな。

とは言え、既存事業の製品でも、顧客要求を製品仕様に落とし込むプロセスにおいて、しばしば重大リスクが仕込まれるぞ」

「なぜだ？ 既存事業の新製品開発ならば、前の開発の時に使用したフローダウン結果があるだろう。それを流用するとか、一部を見直して使えば良いのではないか？そうすれば間違いは起こりにくいし、効率的だと思うのだが…」と友人は疑問を呈しました。

「そのまま使って成功する場合もある。しかし、それで大きな罠にはまるケースも多いんだ。その罠にはまって多くの企業が失敗を経験しているんだよ、T」

「そう言われてみると、確かに立派な企業が、既存製品を改良した新しい製品において信じられないようなミスをしているな。なぜ、そんなミスが起こるのか不思議だったんだ。

何も考えずに同じことを繰り返すと、いつか罠に落ちることになるのだな」

「既存製品を改良して新製品を開発する場合、以前の経験に基づいて進めるのは決して悪いことではない。

しかし、新製品に対する顧客要求は既存製品と完全に同じにならない。必ず、付加価値の向上や差別化など新しい何かを加える。そうでなければ、顧客は新製品を買う気にならないだろう、T？」

「そうだな。何か新しい価値がないと買う気がしないな。単なるコモディティになる。コモディティ化してしまうと価格勝負になり利益率も低下してしまいそうだな」

「新しい機能、新しいメリットを追加すると、製品仕様も以前と全く同じにはならない。必ずどこかが変わる。仮になにも考えずに以前と同じに設定したとすると、どこかに歪が生じる。大きな歪が蓄積されると問題が発生する。それは分かるよな？」

「歪が蓄積すると問題が起きるというのは地震と同じだな。新しい何かを追加したら、どこかにその影響が出てくるはずだ。小さな変化、歪であれば吸収できるのでそれを無視しても問題は起こらない。

しかし、変化、歪があるレベルを超えるとそれを吸収できなくなり、何か異常なことが起こるというのは理解できるぞ、今成」

「そう。新しい製品における仕様の変化は、フローダウンのプロセスを通して設計仕様、生産仕様、アフターサービスの仕様などに展開され、それを担う各部門、各チームに割り付けられる。

フローダウンで最も難しいのは、各チームに割り振られた仕様の難易度が同じレベルにならず不均等になりやすいことだ。この不均等が極端になると、あるチームの難易度だけが非常に高くなる。当然、それを担当するチームの開発リスクは高くなる。

各チームに仕様を割り付けた時点でこの難易度の差を把握すれば打つ手もあるのだが、これを飛ばして先に進んでしまう場合が多い。その結果、重大なリスクが仕込まれた状態で開発を始め、後になってから苦しむことになるんだ」

「なるほど」

Tは頷きながら言いました。しかし、その後、考え込み始めてしまいました。しばらくして次のように言いました。

「頭を整理させてくれ。顧客要求を新製品の仕様として、企業内の各部門、各チームに割り付ける所で難易度の偏りが生じる。今成は、それが重大リスクの源泉だというのだな。たしかに想定以上に難易度の高い仕様を割り付けられた部門やチームは大変だ。少なくとも開発期間は延びそうだ。上層部に口答えできない企業や規律が緩んだ企業だと、時期が来たら仕様を満たしていなくても製品として世に出してしまうかもしれないな。それもただ、早く楽になりたいという一心で」

「そう。だから製品仕様をそのまま流用するとか、前提や環境の変化を考えることなしに前と同じフローダウン結果を機械的に使うとひどい目に合いやすい。ただ、運よく成功してしまうとそれが悪い意味での成功体験になってしまう。その結果、更に歪が蓄積され、いつの日かずっと大きな問題となって現れることになる」

「よく分かったよ、今成。ただ、以前の結果を流用したい気持ちも分かる。先人の考えのすべてを理解するには時間が掛かるが、会社はそのための時間を十分にくれないからな。しかし、本質を理解せずに形だけ真似るのは、その先に落とし穴があることが多いから注意しろということだな」

「そういうことだ。顧客要求をフローダウンした結果としての製品仕様には多数の項目が含まれている。その1つ1つにはそれぞれ意味があり、必ず何かと何かをトレードオフした結果として決まったものでなければならない。

もし、過去の製品企画、開発の経験における仕様の設定に至るプロセス、考え方が文書として残っていれば、次の人達はその考え方を知見として活用でき、試行錯誤を最小限に抑えることができる。しかし、これを文書化している企業は非常にまれだ。

開発を経験した人がチームにいれば、記憶に基づいて有益なアドバイスをするだろう。しかし、その人がいなくなればそれも無くなる。そうなると、以前の結果を機械的に使いたくなり、そうして落とし穴にはまることになる。1つのパターンだ」

「立派な企業ならば標準化資料とかが整備されているのではないか？」と友人Tが疑問を呈しました。

「設計法や製造法の標準化は盛んに行われている。しかし、顧客要求を製品要求や仕様にフローダウンする部分の標準化は見掛けない。試行錯誤的なやり方をする所で止まり、体系化された方法までアップグレードされていないからだ」

「そうか。標準的な方法が作られるのは、単独の部門、単独の専門性でクローズ可能なプロセスに限られるということだな。複数の関係者が悩んで決めるプロセスを文書化するのは確かに難しそうだ。でも、そういうものこそ価値があるな」と友人は同意しました。

「だから、そういうプロセスをつくる効率的な方法を提供している」

「それは役立ちそうだな。是非、その話を聞きたい。複雑な問題に遭遇した時には問題を解きほぐす方法が必要だ。

しかし、そういう方法が目の前にないと、とにかく手っ取り早く着手して何か結果を得たくなるのが人情だ。会社にいると何かで手を動かしていないと仕事をしていない気分になるからな」

「話すと長くなるので次回にしよう。ただ1つだけ言っておくと、人間の脳は本質的に怠けものだから楽な道があるとそれを選びやすい。それを責めることは出来ないのだが、そこには罠があり、罠に嵌まるともっとひどい目にあう。だから、面倒でも少しだけ努力をして、罠を避ける方法を学んだ方が賢明だ」

「全くそのとおりだ。同意する」

Tは納得した顔をこちらに見せました。

第1章においてN社の事例で触れましたが、開発でトラブルに見舞われ、製品の運転時の計測を行った結果、製品設計が、実は社内標準の設計法の範囲を超えたものであったという話をしました。要するに、フローダウンの段階で見逃してしまったということです。これは製品設計に限らず、製造やサービスの設計でも起こる話です。

重大なリスクやトラブルの種は、元を辿れば、顧客要求を製品仕様にフローダウンした段階において入り込むのです。それは、開発を分業して担当する多数のチームの中の少数に、非常に難易度の高い目標が仕込まれる形で生じるのです。

「もう分かったと思うが、重大リスクが仕込まれるのは顧客要求を製品仕様に変換するフローダウンの時だ。これが第1のポイントだ。難易度の高いリスクを気付くためによく見張らないといけない場所だ」

「見張るべき場所は分かった。しかし、仕込まれてしまった難易度の高いリスクをどうやって見つけ出すんだ？　とても難しい話に聞こえるのだが…」

友人Tは1つの急所を理解するやいなや、すぐに先に進もうとしています。

「その話は次の時に話すつもりだ」

「そうか。次回を楽しみにしているぞ」

開発の成功と失敗を分ける境目を知り、今の実力との差を定量化する

前項では、顧客要求を製品仕様にフローダウンする段階、つまり、各部門に仕様を割り付ける段階ですが、そのタイミングで重大リスクに発展する難易度の高い課題が入り込みやすく、そこをしっかり見張ることが重要だと述べました。

本項では前項を受け、分業を行う各専門部門に割り付けられた仕様に潜む重大リスクをどうやって見つけ出すのか、そのための急所を述べます。

責任者は、難易度の高い課題が潜んでいそうな所を指示することはできますが、そこに潜む課題を具体的に特定する所までは出来ません。これを具体的に実施するのは専門部門であり、複数の専門部門を巻き込んだ組織的活動を行うことが不可欠です。

最初のステップでは、各専門部門が自分に割り付けられた製品仕様の検討を行い、その難易度を評価します。この作業はどの企業でも実施しているはずですが、マネジメントが十分に機能していないケースをしばしば見掛けます。

どこに問題があるのかと言えば、難易度の評価が各専門部門に一任され、プロジェクト部門や責任者は各部門から出てきた結果を鵜呑みにしがちな所です。適切に評価がされている場合も多いのですが、そうでないケースも必ずいくつか含まれているからです。

このような話をすると、「当社では、各専門部門の責任者に十分な資質のある者を充てているので問題ない」、あるいは「専門分野のことは専門家に任せるのが一番だ」と主張する人がいるかもしれません。

責任者がそのような考え方を示したとすれば、随分と無責任だと言わざるを得ません。なぜなら、専門家もひとりの人間であり、検討結果をそのまま報告するとは限らないからです。

例えば、能力の高い専門家は、大きな背伸びをして高い目標に挑戦することを好む傾向があります。その心の中を覗くと、「これはたしかに難問だ。しかし、私の実力を以てすればこれくらいは解決できるはずだ」と考えがちです。

つまり、能力の高い人達は、仕様の難易度をあえて低く評価して開発責任者に報告する場合があるのです。彼または彼女の判断基準はその人に固有の基準です。勘のようなものであり、他者からは窺い知れません。重大リスクが仕込まれる1つの典型的シーンと言えるでしょう。

逆の事が起こる場合もあります。割り付けられた仕様の難易度が過度に高く評価されるのです。「こんな難しい目標をこんなに短期間に達成するのは不可能だ。期間を延ばすか目標を下げるかが必要だ」と主張する人が必ず出てくるものです。

これは頻繁に起こる問題です。なぜなら、企業における専門部門やその責任者の評価は、設定された目標を達成するか否かで決まることが多いからです。目標の難易度を下げた方が得だと考える人が出てきても不思議はないのです。

少し進んだ企業では、専門部門ごとに難易度を評価する客観的な基準を作っています。しかし、その実態を調べてみると、部門毎に難易度の評価基準が異なっており、同じように「難易度が高い」と言っていたとしても、実はそのレベルに大きな差がある場合が多いのです。

ここまでの話から、製品仕様の難易度を各専門部門に任せきりにするのは危ういということがお分かりいただけたと思います。では、この問題に対し、どう対処すれば良いのでしょうか？

専門性に依らずにその難易度を客観的に評価できる方法を使って基準を設定し、すべての専門性を横並びで評価できるようにすれば良いのです。この評価結果があれば、責任者であるあなたは、難易度における凸凹の全体像を把握できるようになります。

このような評価基準を具体的にどう設定するのか、詳しくは後述の第5章で述べますが、『成熟度』という共通の指標を使用し、これを通して難易度を絶対値として評価します。開発における難易度とは要するに、『製品開発のある段階で達成すべき目標と、その段階において既に達成した成熟度との差』です。

製品開発に関係するすべての専門部門に対して、彼らに割り付けられた仕様の難易度をこのような形で評価すれば、難易度の相対的な差を把握することができます。

これにより、仕様の難易度が本当は非常に高いにも関わらず低いと評価する、あるいはその逆で、低いにも関わらず高いと評価することを防げるようになるのです。最も大事なことは、突出して高い難易度の仕様が割り付けられた少数の部門の存在に気付くことですが、これも確実に実現できるようになります。

以上の話をすると、「専門性を横通しした共通の評価基準を設定すれば、各専門部門に割り付けられた仕様の難易度を適切に評価し、その結果、重大リスクを発見できるのだな」という所までは理解してくれるのですが、高頻度で次の質問を受けます。

「話は分かった。しかし、2つ質問がある。1つ目は、専門性を横通しした共通の評価基準をどうやって作れば良いのか？

2つ目は、仮に各部門に割り付けた仕様の難易度の凹凸を見える化して、重大リスクを特定できたとしても、その後、どうやって難易度を下げ、重大リスクを低減すれば良いのか？」

これら2つの質問への詳しい回答は第5章で詳しく述べますので、そこまでお待ちいただきたいと思います。今は、あえて次のように答えるに留めます。

「まず、重大リスクの存在を知ることが重要です。注意を払えるようになるからです。次に重大リスクを低減するスキルを獲得するのはたしかに簡単ではありません。しかし、平均的なスキルを有するチームメンバーを確保し、事前に必要な準備を行いさえすれば、大抵の重大リスクはスピーディーに低減あるいは解消可能です」

このように述べると、「では、どんな準備をすればそれが出来るようになるのですか？」と質問されます。

そこで、次項ではこれら準備すべき事項について述べたいと思います。

一筋縄ではいかない重大リスクを高スピードで低減、解消する

各部門に割り付けた仕様の難易度の凹凸が明らかになったならば、その中に含まれる、特に難易度が高い仕様、イコール重大リスクがどこにあるかはすぐに特定できるでしょう。よって、次はこの特定された仕様の難易度をどう下げるかという話に移ります。

顧客要求を変えるのは原則としてNGです。よって、特定された仕様の難易度を下げるには、その仕様を何らか変更をしなければなりません。しかし、その仕様は特定の専門性に割り付けられたものであり、単独に仕様変更できるのは希です。ほとんどのケースでは、1つの専門性における仕様変更は他の専門性の仕様変更に波及します。

波及する他の専門部門が1つだけならば、2つの専門性の間にあるトレードオフ関係を見える化、定量化することにより、難易度の調整を行うことができます。調整する部門が

2つならば1対1の問題であり、片方の難易度を下げるともう片方の難易度が上がります。このようにして、難易度を平滑化し、2つの専門性の両方が、成功と失敗の境目に到達できるようにすれば良いのです。

波及する部門が複数になると複雑性は増しますが根本的な考え方は同じです。関連するすべての専門性の間において、できるかぎり難易度を平滑化すれば良いのです。

そのために必要な事はもうお分かりだと思いますが2つです。1つは、隣接する全ての専門性の間において、現在の難易度（目標の成熟度と達成済の成熟度の差）を適切に把握することであり、もう1つは、専門性と専門性の間にあるトレードオフ関係を定量化することです。

逆に言えば、この2つが出来ていなければ、各専門性に割り付ける仕様の変更調整などとても出来ません。実際の開発の現場では、これら2つの情報をほとんど把握していないにも関わらず、やみくもに開発に邁進する姿が目立ちます。これは、マネジメントが機能していないことを示唆しています。

専門性と専門性の間に存在するトレードオフ関係の見える化、定量化こそが、高スピードで仕様変更を行う際の急所だと言えるのです。

この話をすると、「専門性と専門性の間のトレードオフ関係を定量化できれば、難易度の調整をスムーズに実施でき、重大リスクを低減しつつ開発スピードも上がるだろう。だが、これを実施できる所まで組織のスキルを高めるには何らかの訓練が必要だろう。どういう訓練をすればこのようになれるのか？」と問われます。

その問いには以下のように答えています。

「組織間、専門部門間の連携を強化するためには実戦的な訓練が不可欠です。その訓練テーマは組織にとって共通性の高いテーマでなければなりません。最良のテーマは、製品の『安全性』です」

このように答えると、また別の質問が返ってきます。以下は、当社顧客との間における典型的な会話の内容です。

「今成さん、なぜ、安全性なのですか？」

「安全性をテーマに選ぶ理由は2つあります。1つ目は、製品やサービスが顧客に長く使ってもらうためには安全であることが必須条件だからだ。いくら価格が安くても走行中に制御できなくなる乗用車や火事を起こす家電製品は買いたくないでしょう？」

「それはそのとおりです。しかし、安全性を重視しすぎると製品が重くなる、あるいは価格が上がるなど、製品の魅力が下がりそうな感じがします」

「たしかに1つの専門性だけに特化した人達だけで安全性を追求していくと、短絡的な対策になるため、製品の魅力がどんどん低下します。しかし、適切な方法で活動を行えば、安全性と製品の魅力を両立する解を見つけることが出来ます」

「それはどういうことですか？」

「製品の安全性を追求するには、製品に関わる全ての事項を扱わなければなりません。具体的には、機能・性能、強度・耐久性、耐環境性、製造性、整備性、経済性など、事業に関わるすべてを含みます。それらを俯瞰して行う活動なので、部分最適な活動にならず、全体最適な活動にならざるを得ません。そこが良い点なのです」

「なるほど、安全性を追求することは、全体最適を行うトレーニング題材として適切だということですか。そこまでは理解できました」

「安全性を高める活動を本気で実施すると、社内はもちろんですが、社外のパートナーやサプライチェーンとの連携も強化できます。それは航空産業で実証済です。とは言え、安全性を強化するだけの連携で終わってはいけません」

「今成さん、それはどういう事ですか？」

「そこで出てくるのが安全性を選ぶ2つ目の理由です。まず、安全性を共通テーマとして社内外の組織間における連携スキルを高めます。重要なのはここから先です。安全性を高める連携スキルを確立したら、それを他の分野にも応用するのです」

「他の分野とは？具体的にどの分野ですか？」

「それは安全性以外の顧客価値を高める分野です。例えばコストダウンです。あるいは、コストを抑えながら、機能や性能を高めることにも適用可能です」

「なるほど。安全性をテーマにして組織連携のスキルを磨いた上で、安全性以外の他の顧客価値に応用するということですね。顧客価値が上がれば、必然的に自社の利益や成長に直結する話になりますからね。上手い方法だ。よく理解できました」

当社の顧客の中には、ここで少し考え込み、「安全性の話を経由せずに、直接的にコストダウンをしてはいけないのですか？」という質問を投げてくる人もいます。

コストの話になりましたので、この質問への回答を含めて次節で述べたいと思います。

安全性とスピードを高めつつ、コスト競争力を向上する急所

材料強度、安全率、冗長性をやみくもに高めてもコストが上がるだけ

第2章ではK社の話をしました。試作品を顧客の所に持っていき見せた所、ネガティブな反応が返ってきたことを述べました。それは、製品の前提ともいうべき安全性の根幹にかかわる欠点があったと同時に、コスト競争力が不足していたためでもありました。提案を受けた顧客が食指を伸ばさなかったのは当然といえます。

ここで読者に質問をしたいと思います。K社はなぜ、安全性やコスト面で致命的な問題を抱える試作品を、顧客に持って行ってしまったのでしょうか?

「顧客の研究、顧客が求めることの調査、研究が不足していたからだ」という声が聞こえてきそうです。まったくその通りなのですが、では、なぜ、顧客の研究が不足しているにも関わらず、あるいは顧客から低い評価を受ける可能性の高い案件であるにも関わらず、売り込みに行ったのでしょうか? 少し無謀だと思いませんか?

K社の社員に同じ質問をした時の回答は、「事前に文献調査を行った。その結果、当社の製品の特性は他社のモノと比べても優れていることが分かった。よって顧客から前向きの反応が得られると思っていた」という内容でした。

つまり、顧客について一定の調査を行い、自社製品のメリットは認識していたのです。ただし、そのデメリットには十分に考えが及ばなかったことが分かります。

通常、顧客に提案する前には必ず社内の部門内あるいは事業部内で何らかの形で審査が行われるものです。K社においても同様の議論が実施されたとのことでした。では、なぜ、社内審査において、潜在顧客から低い評価を受ける可能性があることに気付けなかったのでしょうか？

実はこのパターンをしばしば見掛けます。多少の誤解を覚悟しつつ、この原因を端的に答えると、それは多くの企業で『専門性の細分化』が進みすぎたことが影響しています。「何を言っているんだ？」と思う人もいるでしょうから、以降で詳しく説明します。

なお、以降の説明において、行きすぎた『専門性の細分化』を『タコツボ化』と表現しますのでご承知おき下さい。

タコツボ化は、専門性を細分化しすぎた結果として生じます。その典型的症状は、自分の専門以外にあまり興味を示さないことです。読者の方も薄々感じていると思いますが、今もタコツボ化した専門家が増え続けています。

タコツボ専門家は、自身の専門分野については非常に詳しいですが、他の専門分野との間に生じる相互干渉、あるいは相乗効果を議論するのが苦手です。そのため、タコツボ化が進むと、同じ企業内でも専門性と専門性の間に溝や壁ができてしまうのです。

この話は以前から指摘されてきました。しかし、変化が緩やかな時代においては、その悪影響は限定的でした。

なぜなら、変化が緩やかな時代では1つの製品事業の寿命が長く、製品を少しずつ改良するだけでも立派なビジネスにできました。これは時間的な余裕を生み、その結果、製品や事業の全体像を深く理解し、製品に必要な多数の専門性を統合できる人材を確実に育成することができたのです。

製品全体を統合できる人材が育っていれば、タコツボ化した専門家であってもその力を製品開発において存分に引き出すことができ、事業の成長や業績に貢献する事が可能です。タコツボ化は害より益が大きかったのです。

しかし、新事業の製品を企画、開発する場合にはそうは行きません。

必要な専門人材を集めたとしても、それを統合できる人材が育っていないので失敗する確率が高いのです。特に、複数の専門分野が絡み合う代表的な課題である『安全性』及び

『コスト』は大の苦手です。

タコツボ専門家は要求や目標が明確であれば、自身の専門性を駆使してそれを満たそうとします。悪いことではありませんが、1つの専門性だけで考えた対策は短絡的なものになりやすく、そのため効果も限定的です。

「プレゼントにカナヅチを貰った子供は、何でもカナヅチを使って解決しようとする」というある種の格言が西洋にありますが、正にこの状態になるのです。

具体的な話をしましょう。今、タコツボ化が進んだ組織に対して、顧客から製品安全性を向上してほしいという要求が出された場面を想像してください。彼らはどのような反応を示すでしょうか？

素材であれば強度を高める、部品であれば安全率を高める、制御装置であれば冗長性を高めるという直接的な対策を打つでしょう。これは、タコツボ化した組織が示す一般的な反応と言えます。

このような直接的な対策を打つと、当然のことながら、製品の重量が増えコストが高くなり、魅力がどんどん減っていきます。魅力の落ちた製品は売れゆきが悪くなり、こうして悪い循環に入っていくことになるのです。

変化の時代には、顧客要求は時々刻々と変わり、事業の内容や製品はもちろん、必要な技術も変わります。そのため、既存事業であってももはや新事業の製品を扱っているのに近い状況となります。

こうなると、タコツボ化した専門家ばかりがいる企業では、既存事業ですら、まともな新製品の開発をできなくなる状況に見舞われることになるでしょう。

この文章を読んで何か心に感じる事がある人は、その人が所属する企業において、前述の症状が出始めている可能性があります。この症状を放置することは非常に危険であり、今すぐにでも動き出すことをお勧めします。

組織における死角　これがコスト競争力の向上を妨げている

変化の時代には、タコツボ化した専門家が増えると組織が機能不全に陥りやすくなると述べました。とは言え、専門性は製品の付加価値を向上するための重要な要素です。故に、専門性を深めつつタコツボ化を防ぐ道を探さなければなりません。

コスト競争力を1つの専門性で高められるケースは希です。殆どのケースでは、複数の専門性をトレードオフした結果として得られるものです。よって、タコツボ化を防ぐためには、前節で述べたように『専門性と専門性の間に存在するトレードオフ関係の見える化、定量化』が必要なのです。

そして、もし、このトレードオフ関係が分からないという状況にあるならば、それは、確実に組織における死角となります。それを示す例を1つ述べましょう。あえてお粗末な例を述べるのでその点は留意ください。

ある製品の企画段階において、設計部門は部品形状を従来から大きく変えることにより、性能を大幅に高められる事に気が付きました。そして、それを試験実証しました。形状が大きく変わったので生産部門に相談したのですが、「詳細に検討をしないと分からない」という返答が戻ってきました。

プロジェクト責任者はこの経緯を知っていましたが、製品企画から開発に移行するか否かの審査が近づいていたので、設計部門の案を採用することにしました。社内審査も合格し、開発がスタートすることになりました。

開発が始まったので生産部門も本格的に検討を開始しました。部品形状が従来から大幅に変わったこともあり、机上検討だけでなく試作試験も行い、結果が出るまでに1年もの時間がかかってしまいました。

その結論は、「既存設備で生産するとコストは10倍になる。ただし、最新の生産設備を導入すれば従来並みのコストに抑えられる」というものでした。

この結論を聞き、プロジェクト責任者は、「どちらを選んでも事業として成立しない」と考え、開発を中止する判断をしました。

以上の話はお粗末な内容ですが、言いたいことは伝わるのではないかと思います。設計部門はもう少し部品形状と生産コストの間の関係性を研究していれば、あるいは生産部門は設計が考えそうな形状を事前に想定し、そのコストへの影響を迅速に見積もれるように方法を準備・確立していれば、本件には異なる未来があっただろうということです。

隣接する専門性同士が互いに相手に無関心だと、両者の隙間が広がって深い溝、死角になります。その結果、重大なリスクが見逃されやすくなります。本節の焦点はコストですが、この問題はあらゆる場面で起こりうる話です。

また、この死角は、各専門部門だけでなく、社内審査の中にまで入り込みます。具体的には、**審査が必要だと考えている領域が狭く設定され、審査がされない領域が広く残されてしまうことが起きるのです。**審査に穴があくことを意味し、様々な問題の温床となることはご理解いただけるでしょう。

専門性と専門性の間のトレードオフ関係を可視化、定量化する活動を行うと、専門性間の相互作用が見えてくるようになり、前述の割り切る姿勢が緩和し、良い循環に入ります。

この話をすると、「当社では、以前から専門性と専門性の間のトレードオフ関係の重要性に気付いており、死角はありません」と主張される方がいます。良い風土が出来上がっているといえるでしょう。

その時、「そのトレードオフ関係はどれくらいの時間間隔で見直しをしていますか?」と質問すると、質問の意図が分からないという表情を見せつつ、「トレードオフ関係は変わらずに固定化されています」という返答が戻ってきます。

実はここにも組織の死角が潜んでいます。専門性と専門性のトレードオフ関係は、必ずしも固定されたものではなく、時間とともに変化するものだからです。ただし、変化するスピードが遅いものと速いものがあります。

変化のあるものを『変化がない』と勘違いすると、組織の中に死角が出来てしまうのでご注意ください。

変化の速い時代のビジネスにおいて、その変化に追随していくために必要なことを整理すると、次のようになるでしょう。

組織における死角を減らすには、世の中の変化が自社の専門性の定義や境界にどのような影響を及ぼすかを常に自問自答し、柔軟に見直していかなければならない。企業は組織の集合体であり、同時に人の集合体でもある。よって、組織を構成する各部門、各チーム、各個人のレベルでも同様の自問自答をし、適宜、専門性の定義や境界の見直しをしなければならない。これを怠ると死角が増えて開発で失敗する確率が高まる。

死角の源は分業することにあるのです。より詳しく知りたい人は第4章の3番目の節を参照ください。

それでは、本章の最後の項に進みたいと思います。

安全性とスピードを高められればコスト競争力も向上できる

もし、貴方の会社においてコスト競争力が弱まってきたと感じたら、十中八、九は組織や専門性のタコツボ化が進行した結果と考えられます。その結果、どの専門性も自分中心で主張し、専門性間の調整が出来なくなっているということです。

この状態から抜け出すには、専門性と専門性の間のトレードオフ関係を可視化、定量化する事だと述べました。ただし、共通性のある重要テーマで組織的な訓練をしない限り、実戦で求められるスピードを獲得することはできません。

組織的な訓練を行う最良のテーマは、その理由も含めて『安全性』であると述べました。前述した2つの理由の他にもう1つ『安全性』を選ぶ理由があります。それは、21世紀のこれからの時代に最も相応しいテーマだと考えられるからです。

これからはあらゆる分野において無人化、自動化が進むでしょう。いわゆる情報技術と機器、設備などの製品を運用する技術とが一体化します。そのような状況を想定した時、他のテーマ（たとえばコスト）ではなく、『安全性』が最も良いテーマだという結論に至りました。

そのエビデンスを1つ挙げましょう。今後、製造系企業も技術系企業も自動化、無人化の手段としてＡＩ（人工知能）を活用することになるでしょう。現ＡＩの主流は深層学習を適用したものですが、そのリスクを十分に認識して使う必要があります。

深層学習は、同じ学習データを使い、同じ収束条件を課してＡＩモデルの生成を行ったとしても、作成する毎に少しずつ異なったＡＩモデルが出てきます。要するにバラツキが入るということです。

しかも、そのバラツキが結構大きいのです。ここに、従来の流体力学や構造力学などの既存の科学技術ソフトウェアとの大きな違いがあります。

従来の技術計算ソフトウェアならば、プログラムの修正や計算条件変更の影響について確定論的に評価できます。これに対して深層学習ＡＩでは、学習データを変更した影響が必ず精度を高めるとは言えず、精度を下げる場合もあるのです。

よって、ＡＩの計算結果が『安全性』に影響を及ぼすならば、アップデートをする度にいちいち検証作業をする必要が出てくるのです。これを無視したならば、いつか必ずその報いを受けることになるでしょう。

安全性をテーマとして訓練しておけば、バラツキの影響がクリティカルになるケースがあることを身体が覚え、他の顧客価値（機能・性能向上、コストダウン等）に展開した時でも大きな誤ちを犯しにくくなるのです。

以上の話からご理解いただけたと思いますが、『安全性』をテーマとして組織間の連携を高めておけば、社内だけでなく社外も含め、高スピードで専門性と専門性の間の仕様の変更調整が可能となり、コスト競争力も高められるようになるのです。

さらにコスト競争力を長期間に渡って維持したいならば、時間の変化によって専門性と専門性の間のトレードオフ関係が変わっていくことを認識し、これを取り込める仕組みと風土を構築すれば良いのです。

そのような風土を作り上げる上で根幹となるのが、全ての専門性に横通しで適用できる製品成熟度の概念です。これを正しく評価できるようになれば、製品に関わる全ての専門性について目標と今の実力の差を認識でき、どこに難易度の高い課題、あるいは重大リスクが潜んでいるかを特定できるようになるからです。

その結果、無謀な開発への猪突猛進を防ぐことができます。企業の規模が大きくなると開発案件が増え、リソースが不足するようになります。そのような時、無謀な案件を止め、必要な成熟度に達した案件にリソースを集中できれば、開発成功率を確実に高められるでしょう。

本章ではアイリスマネジメント流の製品開発法の概要、骨子を述べました。より詳細な内容や具体的な運用方法については第５章で述べます。時間に余裕のない方は、そちらにお進みください。

もし、少しでも時間的な余裕がある方は、そこに進む前に、現在、我々が直面している状況を俯瞰的に理解するために第４章を読むことをお勧めします。

今日は１００年に一度の変化の時期と言われています。１００年前に何が起きたのか、それが現在とどのように繋がっているのかを理解することは、今起こっている変化が今後どのように発展し、それが自分の事業にどのような影響を与えるかを考えるヒントになると考えるからです。

第4章

100年に1度の
変化の時代に必要な
3つの視点

100年前に起きた変化はどのように社会を変えていったのか

100年前に起きた技術的な変化と製品事業に及ぼした影響

今日は100年に1度の変化の時期と言われます。実際に歴史を振り返ると、100年から120年くらい前に大きな変化が起こっていたことが分かります。この大きな変化を認識すると、今日の世界がその延長線上にあることが分かります。

変化の時期にはこれまでの事業のやり方が通用しなくなる場合が増えます。人は考えるのが面倒になってくると、「従来はこうだったから」という前例主義に頼りますが、それがマイナス面に働くケースが増えるということです。

「変化への対応を誤ると会社を潰すのではないか」と悲観的に考える人がいる一方で、「チャンスだ、ワクワクする」と楽観的に感じる人もいるでしょう。歴史を学べばすぐに分かることですが、変化の時代の方向性を決めたのは楽観的な人達であって悲観的な人達ではありませんでした。

本章の目的は、変化の時代における視点と具体的な押さえ所について述べることですが、その話に入る前に過去の歴史を振り返りたいと思います。

なぜなら100年前に起こった変化が、その後にどのような製品を生み出し、今日までどのように発展してきたかの経過を知ることは、環境の変化がどのような形で製品事業の盛衰を決めるのか、ある種の法則性を気付かせてくれるからです。

現象の奥にある法則性に気付き、それを今日の状況に当てはめることにより、あなたが進むべき道を正しく判断するために役立つと考えているのです。

それではこの件について、いつもの友人Tとの会話を通して述べていきます。

「気候変動の話、肌で感じるようになってきたぞ。難しい理屈は分からないが、昔より確実に夏は暑くなった。この暑さは尋常ではない。脱炭素化への圧力が強まってきたけど、本気でやらないとまずいと思うようになった」とTが話し始めました。

「確かにそうだ。脱炭素化は化石燃料の使用を止める方向に舵を切ることを意味するが、これは本当に大変な話だ。エネルギーの根幹が変化することを意味するからね。産業革命によって石炭を使い始めたのが1760年頃だから、実に250年ぶりの変化ってことになる」

「えっ、世間では100年に1度と言っているが違うのか？」

「脱化石燃料という意味では250年が正しいと思うよ。でも、世界中で本格的に大量の化石燃料を消費しはじめ、これに依存するようになったのは100年前でいいと思う」

「今成、よく分からない。もう少し詳しく説明してくれ」

「100年前くらいに石油が発見され、石油を燃料にする自動車が発明された。これを簡略化して石油自動車と呼ぶ。この石油自動車が起爆剤となって、化石燃料が大量生産、大量消費されるようになったってことだ」

「ちょっと待て。石油自動車が発明されて石油を大量消費するようになったのは分かる。でも、これが起爆剤になって更なる大量消費という所がよく理解できない。俺にも分かるように説明してくれ」

Tが注文を付けてきました。少し説明不足だったようです。

「分かった。少し長くなるが丁寧に説明する。まず、自動車と言えば、今の石油自動車を思い浮かべると思うのだが、その発明よりも100年以上前に蒸気自動車が発明された。燃料は石炭だよ。蒸気機関車を小型化したものを想像すればいい」

「蒸気自動車?なんか煙たそうな車だな。見たことがないから、きっと石油自動車との競争に負けて絶滅したんだな。なぜ、負けたんだい?」

「確かに煙たそうな車だな。それも影響したと思うが負けた最大の理由はパワー不足だ。ゆっくりとしか走れなかったんだ。当時の移動は馬車だったけど、馬車より遅いスピードでしか走れなかった。それでは話にならないだろ」

「そうだな。でもパワーアップできなかったのか？」とTは問いました。

「パワーアップは可能だったが、それを行うと今度は車のサイズが非常に大きくなる。大きい物は扱いにくいし、何よりも値段が高くなる。一方の石油自動車は馬よりもずっと速く走れ、しかも小型化できて安かった。燃料費は当時、石炭も石油も大差なかったんだ。だから石油自動車が選ばれて主流になったのさ」

「なるほどね。馬車という既存の移動手段よりも速く、更にお手頃な値段で購入できた。しかも、石油は液体だから固体の石炭よりも扱いやすい。ここまでは分かったぞ。しかし、それが大量消費の起爆剤になった話とどう繋がるんだ？」とTの質問は続きます。

「そう急かすな。石油自動車によって石油の便利さが実感され、多くの人たちが石油を求めるようになった。それで、石油を貯蔵する設備や輸送に必要な道路などのインフラが世界中に広まった。

道路ができると車で機材を運搬できるようになり、あちこちに貯蔵設備を造れるようになった。今度は運搬効率を高めるために大型トラックが発明された。それにより運搬効率が高まり、それは貯蔵設備の建設を後押しした。T、ここまではいいな？」

「大丈夫だ。続けてくれ」

「ほぼ同じ頃に交流発電・送電が普及しはじめ、電力の需要が増えはじめた。そこで、化石燃料を燃やして電力を生産する火力発電所が造られはじめた。道路と機材運搬の手段はすでに用意されていたので、今度は火力発電所が世界中に広まった。それが燃焼技術を進化させた。石油だけでなく、石炭や天然ガスを効率良く燃やせるようになった」

「分かってきたのだが、少し頭を整理させてくれ」

Tが一旦ストップを掛けました。

「まず、石油自動車が普及して石油の需要が増え、道路や燃料貯蔵設備や大型トラックといったインフラが普及した。他方、交流発電により電力を遠くまで運べるようになった。電気はクリーンなので家電製品などを通して人間の生活に入り込んだ。結果として電力の需要が増えた。

電力需要を満たすために火力発電所が増えた。燃料として石油もあるが石炭や天然ガスもあった。燃焼技術が進化したので、化石燃料ならば何でもうまく燃やせるようなった。その結果、益々、化石燃料が使われるようになった。だから起爆剤なんだな？」

「そういうことだ。今の生活は化石燃料と電力無しには考えられないだろ？このような生活パターンが始まったのが１００年前ということさ」

「やっと分かったぞ。現代社会は化石燃料と電力に依存しているが、特に日本は電力も火力発電がメインだから完全に化石燃料の依存症だな」

「そうだ。でも依存症は良くないよな」

ここで一旦、話は途切れました。するとTは別の疑問をぶつけてきました。

「100年前の人が、現代人の生活を見たらきっと驚くはずだ。家でもオフィスでも、さらに工場でも、とにかく多様な製品、設備に囲まれている。たった100年で、なぜ、ここまでに多様な製品が生み出されたのか?どうしてこうなったのか説明できるか?」

「アバウトな説明で良ければできると思う」

「難しいことは分からんからアバウトな方がいい。話してくれ、今成」

この100年間、人が製品に求めつづけた2つの願望

「ひとことで言えば、人間には自分の持っている能力を増強したいという願望がある。その代表的な能力が腕力と知力だ。石油自動車によって、人間は自分の身体能力の何倍も速く長く走れるようになった。パワーアップの源は石油の持つエネルギーを燃やして取り出すエンジンだ。これがその後に色々な形に進化して人間の腕力を増強していった」

「たとえば？」とTが聞きました。

「そうだな。まず、石油自動車は小型の個人用途として広まった。フォード社が乗用車の量産を開始し、工場労働者の賃金を上げて車の個人市場を広げたのは有名な話だよな。次の段階として車の大型化が行われた。機材の運搬効率を高めるトラックや、発電所等の大規模プラントの整地の効率を高める建設機械になった。それまではモノの輸送は船による水上輸送だった。だから運河が発達した。しかし、トラックが発明されると、物流のメインは海から陸上に移り始めた。

建設機械により、化石燃料や鉱物資源の発掘力、さらには工場、ビル、住宅の造成力、建設力も飛躍的に向上した。腕力の増強が大量生産と大量消費を可能にする条件を整えたといえる」

「なるほど。化石燃料とそれを燃やして使うエンジン技術が連携し、腕力を増強したいという人間の願望を満たしていったということか。たしかにこの100年間の少なくとも前半は、物資を大量に速く遠くに運び大量に生産することが重視されてきた。それで豊かになった。腕力増強がビジネス機会だったということだな」

「この100年間を概観すると腕力の増強と知力の増強はずっと続いていたと思うが、前半は腕力の増強の方が目立っていたと思うぞ、T」

「ということは、後半は知力の増強の方が目立ったということだな?」

Tが先回りして言いました。

「そう思う。交流送電によって、家庭、オフィス、工場で電気が使えるようになった。これを事業機会と捉えた企業家たちが、電気で動く製品開発して売り始めた。電動モータは当初は非力だったので、腕力が必要な産業用途よりも生活を便利にする家電製品として発展した。まずは、照明、その後に電話、ラジオ、テレビ、冷蔵庫などが開発され、大きな製品市場に発展した」

これまで質問ばかりしていたTが、これを聞いて急に自説を話し始めました。

「家電は確かに家庭での生活を便利にした。でも、電話、ラジオ、テレビは、情報提供を通して知力を増強する基盤を作ったと言えるのではないか。

それまでは、地方に住む人が都市や海外で起こったことをすぐに知ることはなかった。それがラジオとテレビの登場によって情報を得られるようになり知識が増えた。この影響は絶大だぞ、今成」

「そう思う。知力を向上する前提は情報や知識だ。情報がなければ考えるための材料がないので知力は発達しようがない。一方、知識が増え始めると、その組み合わせによって相乗効果が起こって知力の向上が加速する」

「それは多様で新しいビジネスを生み出す原動力となるな。分かったぞ」
Tは最初に発した問いへの答えが得られて満足そうな顔を見せました。

100年前に起こった2つの技術的な変化が起爆剤となり、企業家たちは様々な製品を世に送り出してきました。ただし、いつの時代であっても新しい技術や新製品はそれなりに生み出されてきたはずです。

しかし、製品事業がビッグビジネスとして成長できるようになったのは、歴史上、この100年間に限定されます。

これは、ビジネスが大きく成長するのはいくつかの条件が同時に満たされる時だけであることを意味しています。別の表現をすると、何らかの相乗効果、連鎖反応が起こらないと、大きなビジネスには発展しないということです。

一例として乗用車を取り上げると、乗用車がここまで普及したのは、大量生産によって安価になっただけではないということです。

石油を安価で大量に生産し供給できたこと、その石油の副産物を使って車が走りやすい道路を舗装できたこと、車を大型化したトラックやタンクローリーにより生産地から遠方の地域に燃料や機材を運搬できるようになったことなど、相乗効果や連鎖反応が起こり、一大ビジネスに発展したことは想像に難くありません。

この原理はこれからの時代にも当てはまります。是非、ご自分の事業における相乗効果、連鎖反応が起こる条件を考えることをお勧めします。

ここからは、先ほどの友人Tとの会話に戻り、電力が人間の知力をどう増強していったかの経過を辿ります。

「ラジオやテレビが社会の様々な情報や知識を提供し、それが人間の知力の増強に貢献したというのは分かる。しかし、最近の人工知能（以後、ＡＩ）はまったく異質に見える。単なる計算機が進化した結果とは思えないんだ。電力による知力の増強がどういう経過を辿るとＡＩが出てくるのか、そこを分かり易く説明できないか、今成？」

「知力とは何か、また、電気を使う技術の進化の歴史を追っていけば理解できると思う。そういうアプローチでの説明で良いか？」

「歴史を追うのは分かりやすそうだ」

「まず、電力を長距離送電できるようになり、広範囲の家庭で電気を使える状況が生まれた。その結果、家電製品が売れるようになり一大産業になった。ビジネスが盛んになると金勘定の作業量が増える。ここまではいいな、T？」

「いいよ」

「ビジネスが大きくなる程、金勘定の計算量が増え、しかも、その計算結果のデータも膨大な量になる。次第に人手に負えなくなるのは想像に難くない。

そこで、人間の代わりに高速で正確な計算を行い、加えてそのデータを正確に記憶したいという願望が生まれた」

「それは分かる。人間が文字を発明したのは金勘定を記録するためと聞いたことがある。電力による知力の増強は、まず、計算力と記憶力の増強から始まったということだな」

「そう。この需要を企業家が察知して計算機ビジネスを生み出した。

最初に発明されたコンピュータは機械式だったが、その後に技術進歩により今の電子コンピュータになった。最初は真空管を使っていたが、その後、半導体に置き換えられた」

「半導体の発明により計算力と記憶力が人間を上回るマシンが出てきたことは理解している。問題はそれが人間のように状況を判断できる能力を持つＡＩにどう進化したのか、そこが繋がらないんだよ、今成」

Ｔは急かします。

「そう先を急ぐな。まず、ＡＩはコンピュータ上にあるソフトウェアであり、その本質はアルゴリズムだ。アルゴリズムとはある種の作業手順だ。ある入力があると、何らかの情報処理をして結果が出てくるものだ。ここまではいいな？」

「ＡＩが様々な事柄を処理できる手順の集まりだというのは何となく分かる」

「では次に考えてみて欲しいのだが、ＡＩは人間に置き換えると脳だよな。もし、人間の脳だけが存在できたとしたら、その脳は何をすると思う、Ｔ？」

「よく分からんが、何か考え事をするのではないか？」

「いや、脳は停止して何も考えないだろう。脳が働くためには情報の入力が必要なんだ。人の場合には目、耳、鼻や手足から多くの情報が入る。それで脳が働きはじめる。だから、ＡＩも情報が無ければ働かないんだ」

「それは人間の脳もアルゴリズムの集まりだということか、今成？」

友人は疑わしそうな目を向けて問い返しました。

「まあ、厳密には正しいと言えないだろうが、シンプルに言えばそういうことになるな。ただし、そのアルゴリズムは非常に複雑でしかも一人ずつ個性がある。ここでは厳密な話は無視し、とりあえず、そういうモノだと考えてくれ」

「一旦、分かったことにしておく。ＡＩがアルゴリズムだとすれば、何かの入力がないと結果を出さないのは理解できる。だから最近、ビッグデータとかデータサイエンスとか盛んに言っているのだな」

「そう。今日では、2つのルートから大量のデータを容易に入手できるようになった。1つはインターネットからだ。もう1つは、人間の耳目に相当するセンサ技術が進化して普及し、いわゆるIoTによって大量の情報を安価に入手できるようになった。

AIはコンピュータの優れた計算力と記憶力を使い、人間よりもずっと速いスピードで大量データを処理できる。人間の脳にあるアルゴリズム、例えば、『自分より大きな何かが急速に近づいてきたら逃げる』というアルゴリズムをAIにインプットすれば、人間よりも素早く逃げ出すことができるだろう」

「そういうことか。AIはチェスで人間よりも強くなったとか、猫の写真を見てそれを猫だと認知できるようになったという話を聞いたが、人がそういうアルゴリズムをAIとしてコンピュータに与えたから出来るようになったということだな」

「そういうことだ、T」

「でも、コンピュータの能力が上がり、大量のアルゴリズムを与えると、人間を超える能力を獲得してしまうのではないか?」

Tが不安げに言いました。

「確かにそういう話があちこちで議論がされているな。その話を否定はしないのだが、現在の電子コンピュータが使われている間は、そこまでの能力は獲得できないと思う」

「なぜだ。分かるように説明してくれ」とTは言いました。

「たしかにＡＩはチェスや碁というゲームにおいて人間に勝てるようになった。

しかし、そのＡＩを動かすために数万人分のエネルギーに相当する電力エネルギーを消費していた。それでやっと1つのゲームで人間に勝てるようになっただけだ。何でも人間並みにできるＡＩを作ろうとしたら、おそらく世界中のすべての電力が必要になるだろう」

「そうか。でも、それはやはり省エネ技術が進歩すれば解決できる代物ではないのか、今成？」

「いや、今はまだ不可能だろう。情報のやり取りを電線上に乗せて行う今の方式では、電力エネルギーの多くが熱として失われる。半導体は熱に弱いので冷却が必要になるが、冷却に必要なエネルギーはコンピュータを動かす以上の電力が必要になる。

例えば、世界最速のスーパーコンピュータを稼働させるには、１５０人を乗せる航空機のジェットエンジン1つと同じくらいのエネルギーを使う」

「ものすごいエネルギー喰いだな。それは分かったが、大きく省エネを実現する技術も何か検討されているのではないか？」とTは食い下がります。

「1つの試算だが、今と比べて一万分の一以下のエネルギー消費にしない限り、人並みの総合能力を持つAIは作れないと言われている。省エネはせいぜい数十パーセントだ。電線を使う限り到達できない。情報伝達を行う手段として別のコンセプトが必要だ。そのアイデアとして、光や細胞の利用が検討されている。電子コンピュータではなく、光コンピュータやバイオコンピュータということだ。これらが実現すれば、人並みの消費電力で人間を超える能力を持つAIを作れるのかもしれない。

しかし、それには少なくとも数十年の時間がかかるだろう。また、後者については倫理の議論を乗り越えなくてはならない」

「そうか。当分は実現しないんだな。身勝手かもしれないが少し安心したぞ。ただな、無人自動車とか無人の飛行機が人を襲うドラマや映画が多く出てきた。これを見ると少し不安になる…」

友人は技術の進化に恐怖を感じているようでした。

「そうだな、T。これからの製品は儲かるだけでなく、倫理を求められることになるだろう。米国IT企業の1つが個人情報を企業に売っていたことが判明し、欧州で問題化した。歯止めを掛けるために法律も作られた。

これまでは、営利と倫理が衝突しても、被害が出るまでは営利が優先された。しかし、

ＡＩの能力向上が猛スピードで進行していることが確認されたため、被害が出てからでは遅いという考え方が広まり、世の中は倫理を優先する方向に傾きつつある」

「そうあってほしいものだな」と友人Ｔは言い、この議論は終わりました。

「話は変わるが、最近、働き方が変わったな。通勤しないで家からオンラインで会議に参加したり、事務作業したりするようになった」

前の話題がひと区切り付いたので、Ｔは話題を変えてきました。

コロナ禍で働き方が変わったと感じている人が多いと思います。しかし、１００年前にも大きな働き方の変化がありました。変化の時代が本物かどうかを見分ける１つの事柄として『働き方』があります。

１００年前に働き方がどう変わったのか、それが今日の我々の時代にどう影響を及ぼしているのか、次はそれを見ていきます。

１００年前の変化が人のはたらき方に及ぼした影響

読者の皆さんの多くは、ある特定の企業に勤務し、毎朝、何らかの交通手段を使って、ある一つの場所に集まって仕事をしているのではないでしょうか。私自身も会社員をしている時は、車か電車を使って通勤し、そこで多くの人達と働いていたものです。

では、１００年前も今と同じだったのかと言うと、状況は大きく違っていました。

これについても友人Ｔと色々と話したので、先程の会話の続きに戻ることにします。


「最近の働き方は変わったよな。コロナ禍になって、通勤せずに家で仕事をするようになったんだからな。これはＩＴ技術の進歩のおかげだが、いくら技術的に実現できたからといって、コロナウイルス問題がなければ、こうはならなかったんじゃないか？」

Ｔが問いかけてきました。

「そうだな。コロナ禍が起こる少なくとも10年くらい前から、インターネットを利用して海外とオンライン会議をやっていた。しかし、オンライン会議が社内で広まることは無かった。それがコロナ禍になって急速に広まった。広まるには条件があるのだと思う」

「今成、広まる条件はやはり『必要性』だろう。社会の大多数が強い必要性を感じることこそが広まる条件だと思う」

「必要性も重要だが、それに加えて多数の人達に安く提供できるインフラが整うことも重要だ。以前使っていたオンライン会議システムは高価でしかも使える場所が限定されていた。それが広まらなかった原因だと考えている」

「たしかにそうだな。必要性がないと広まらないが、仮に必要性があっても身近で安価に使えないと皆が使うようにはならないな。納得した」とTは意外にもあっさりと同意しました。

そこで、こちらから話題を提起しました。

「コロナ禍で働き方が変わってきたが、これは１００年振りの働き方の変化の先駆けになるかもしれないぞ、T」

「どういうことだ？」

「１００年前に戻ると、一部の例外を除けば、ほとんどの企業は家族経営であり、今の中小企業に相当する存在だった。石油や電力が十分に無い状況を想像してみれば分かると思うが、たくさんの人が一カ所に集まって仕事をする必要性はなかったんだ」

「そうだな。人力がメインの動力ならば、家で仕事をすれば十分だな。一カ所に集まる経済合理性はない。その代わり大量生産もできない」

「そう。大量生産するには大規模な設備が必要であり、それを動かすには大きな動力が必要だ。動力を生み出すには、燃料を燃やして機械エネルギーに変換するか、あるいは、電力エネルギーを使うしかない。それは今も変わらない」

「100年前ならばモノの生産力が小さかったので常にモノ不足だったはずだ。つまり、モノへの需要は旺盛で、作れば売れたはずだ。大きなエネルギーをモノづくりに利用することがビジネスチャンスになると考える人間が出てきそうだな、今成」

「そう。それで企業家は、モノの大量生産を目指して、それを実現できる大規模な機械設備を工場に導入した。その設備が生産の中心であり、設備を有効に使うには、どうしても工場に人を集める必要性が生じた。これが一カ所に多数の人が集まって仕事をすることになった起源だよ」

「でも、いくら人をたくさん集めたいと思っても、簡単には集まらないだろう。当時だと多くの人が農業を生業にしていたはずだ。わざわざ工場で働きたいと思うものか？」とTは疑問を呈してきました。

「だから自動車王のフォードは工場労働者に対し当時としては破格の高給を払うことにしたんだ。農業による収入に対して明らかな差を付けたのさ」

「なるほど。高給に惹かれて多くの人が農村から工場の近くに移ってきたということか。工場労働者が一カ所で働き始めた経緯は分かった。

しかし、今日では、オフィス労働者も一カ所に集まって仕事をしているじゃないか。これはどう説明する、今成？」

友人Tがいつもの突っ込みを入れてきました。

「工場に設備を入れて大量生産を行うには資金が必要だが、逆に言えば資金さえあれば、特別なスキルが無くても出来るということだ。故に工場で大量生産することが儲かる話だと分かってくると、次々に模倣する人が出てくる。その結果、価格競争が始まる。次第に儲からなくなっていく」

「それは今も同じだな」

「そう。すると、ただ大量生産するだけでは駄目だと気付き、他社製品に対して何らかの差別化をして付加価値を高めようとする。しかし、これに必要なスキルは工場労働者の持つスキルとは異なる。工場労働者とは別の職種の人間が必要になる」

「例えば？」

「例えば、エンジニア、技術者だ。既存のモノに、顧客が欲しがる新しい機能を加える仕事をする。ただ、新機能を付けると高くなるので、価格を下げるために、工場の設備を改造して生産性を高める仕事をする職種も必要になる」

「なるほど。類似の製品で他社との競争が始まると、技術系の職種が増えていく理屈は分かった。でも今成、一カ所に集まる必要はあったのか？」

「生産設備を改良する技術者は工場に来ないと仕事ができない。新しい機能を付加する製品設計者も、生産コストを抑制するには工場や生産技術の人達と話をする必要がある。だから、昔は近くに居ないと仕事にならならなかった」

「そうか。製品開発をする人達が工場の近くにいる必要性は分かった。しかし、新しい技術を開発するタイプの人達は、必ずしも、工場近辺に居る必要は無いだろう？」

「そのとおり、Tは鋭いな。新技術の研究や開発をする人達は、初期段階は工場付近にいる必要はない。しかし、一カ所に集まる別の必要性がある。それは、新しい技術を開発するためには、これを支援する周辺技術と試験設備が必要になるからだ。そして、その場所がいわゆる『研究所』になった。

周辺技術としては計測、検査、分析・評価などの技術がある。試験設備としては、性能、強度、耐久性、安全性などを実証確認できる施設だ。工場とは異なるが、複数の異分野の技術者が集まり、しかも製品開発に必要な試験設備を備えた『研究所』が必要なんだ」

「そうか。工場だけでなく、差別化、付加価値向上のための新技術開発も、別の意味で一カ所に集まる意味があるんだな。良く分かった」

Tは納得したようでした。

「だから、１００年前は家で仕事をするのが当たり前だったのに、その後に生じた変化によって、工場やオフィスという一カ所に集まって仕事をするように変化したのさ、T」

「なるほど。そのような経済合理性に世界中の人達が従った結果として、都市化が進み、土地の値段が跳ね上がり、我々のような労働者は都心から離れた場所に住まざるを得ず、長時間の苦痛を伴う通勤が生まれたということだな」

Tは皮肉を込めて言いました。

「まあ、そういうことだな。都市といっても首都圏だと大混雑した電車通勤になるのでたしかに苦痛だ。これに対して地方都市ならば、車で通勤できる場合もあり、電車の混雑を避けながら車を運転する楽しみを持てる」


このように、コロナ禍の前の働き方は、ここ１００年の常識ではあっても、過去５００年を振り返ればむしろ非常識だったわけです。

一方、コロナ禍に端を発して、オンラインでのコミュニケーションやクラウドを通した情報共有が可能となり、１００年振りに働き方の常識が変わるかもしれない状況になりました。

時代が変化する時には従来の常識が通用しなくなります。当然、それは混乱を生みます。そういう時に混乱を避けるのに最も良い方法は、時代の変化によって変わることと変わらないことを見極め、それから行動すれば良いのです。

詳しくは後述しますが、そこに進む前に、少しだけ寄り道をしたいと思います。

いま起きている変化の本質は何か

これから来る変化の大分岐点

１００年前に起こった変化と同様、これから起こる変化もエネルギーが起点となることは間違いありません。

化石燃料を長期に渡って大量に燃やしてきた結果、発生したＣＯ２が大気中に蓄積してその濃度が上昇したことは事実です。また、夏になると35度以上となる猛暑日が増えてきており、これら２つを結びつけて考えたくなるのは自然なことです。

この件についても、いつもの友人Ｔと次のような話をしました。

「今年の夏も暑いな。東京では、また、猛暑日の記録を更新したそうだな。この暑さの原因はやはりＣＯ２が増えたせいなのか？」とＴが問いかけてきました。

「科学的には完全に証明されていないが、普通の人間ならばそう感じるだろう。この手の話は完全に証明されてから動き出すと手遅れになる場合が多い。手遅れは大惨事に発展するだろうから危ないと感じた時点で動き出さないといけないと思う」

「するとやはり脱炭素化か。しかし、これだけ化石燃料に依存している状況から本当に抜け出せるだろうか？　太陽光発電や風力発電が増えてきているようだが、それで世界が必要とするエネルギーをすべて供給できるのか、今成？」

「一度調べてみたのだが、地球上の太陽光と風力を十分に活用すれば、現在、全人類が消費しているエネルギー量を供給できるという計算結果になった。同じ主張をする人達も多くいる。その気になれば、再生可能エネルギーだけでも生きていけるということだ」

「そうか。それは良い話だな。しかし、再生可能エネルギー利用への移行がスムーズに進んでいるようには見えないな。何が障害になっているんだろうか？」

「１００年かけて作り上げられたシステムだからな。そう簡単に変われるわけがない。これまで皆が化石燃料を求めていたので、それを供給して生計を立てている人たちも多数いるだろう。社会全体が変化するには数十年単位の時間が掛かるものだ」

「それで間に合うのか？」とTは不安げです。

「分からない。でも、できるだけ速く再生可能エネルギーの生産量を増やし、化石燃料の使用量を減らす以外に道はないだろう。その時に鍵となるのは、再生可能エネルギーの生産量が増加するスピードだ。このスピードによって社会が進むシナリオが変わるだろう。シナリオとしては３つ考えられ、その分岐点は遠くない未来に来ると予想される」

「ほう、それは興味深いな。どんな分岐点、どんなシナリオがあるのか聞かせてくれ」

Tは前のめりになりながら言いました。

想定される3つのシナリオ

「最も楽観的なシナリオは、あまり大きな苦痛を感じずにエネルギーの基盤が化石燃料から再生可能エネルギーに移行できるというものだ。おそらく、大多数がこのシナリオを望んでいる。しかし、これを実現するには1つ条件があるんだ、T。

それは、今後10年間くらいの間に、再生可能エネルギーの生産量が目に見えて増え、大多数の人達がこれなら成功裡に移行を実現できると信じられることだ。論理的に考えて信じようが、あるいは直感的、感情的に信じようがどちらでも構わない。

とにかく大多数が信じるようになれば、ビジネスは活性化し、多くの人達がそれで生活できるようになる。投資が行われ、技術開発が進むという良い循環が始まる」

「そうなって欲しいものだな。ところで、なぜ、『今後の10年間』と期間を区切るんだ？世の中では30年後の２０５０年にＣＯ２排出ゼロという話がされているぞ？」

「それは、殆どの人間が短期志向だからだ。実際に実現するのは30年後かもしれない。

しかし、最初の10年間の進みが悪ければ必ず異論が出てくる。その異論は、脱炭素化や再生可能エネルギーを増強する速度を確実にスローダウンさせる方向に働くだろう」

「どんな異論が出てくるんだ、今成？」

「2つの異論が出てくると思う。この2つのどちらが主流になるかでシナリオが2つに分かれるということだ」

「具体的に聞かせてくれ」

「1つは地球環境を守ることを最優先する考え方だ。この考え方を選ぶ人達は、例えば、エネルギー消費を今より大幅に減らせと主張するだろう。定量的には、例えば3割減とか半減とか。ミニマリスト的な考え方と言えば分かりやすいだろうか。

もう1つは、生活と経済を何よりも優先する考え方だ。これを選ぶ人たちは化石燃料の使用をあまり減らさず、原子力発電等の持続性が疑わしい脱炭素ソリューションを選んで対応しようとするだろう」

「原子力発電の持続性は疑わしいのか？　持続性よりも安全性に難があるのではないか」

とTが問いを入れてきました。

「安全性は改善しつつある。たしかに従来の大型原子力は電力の供給が止まると炉心の冷却ができなくなり、大事故に繋がる可能性が高かった。しかし、小型化することにより仮に電力が止まっても内部にある冷却媒体の自然対流だけで安全に停止できるんだ」

「ならば、小型の原子力発電をどんどん進めれば良いということだな？」

「小型化すると経済性が悪くなるのでそれを解決しなければならない。仮にその課題を解決できたとしても放射性廃棄物の処理が残る。廃棄物の危険性が下がるまでには3百年から10万年の年月が必要だ。原子力発電を増やすと廃棄物を埋める場所に困る。だから、原子力は持続可能でない手段であり、利用するとしても期間を限定する必要があるということだ。実際、もし、家の隣に核物質の廃棄施設が来たら嫌だろ、T？」

「いやだね。それならばエネルギー消費を3割減らす方がましだ」

「エネルギー消費を3割減らすのは大変だぞ。たとえば、夏の冷房と冬の暖房を止めるとかミニマムにするというレベルの話だぞ」

「コロナ禍の生活に戻れば良いのかと思っていたが、そうではないのだな。冬の暖房はミニマムにできても、夏の冷房を止めたら熱中症になりそうだ。下手をすれば命を落としかねない」

Tはややショックを受けた表情を見せながら言いました。

「地球が温暖化、沸騰化しつつある時に、夏の冷房を止めるのはどう考えても無理だと思う。だからこそ、この10年くらいのうちに、夏の冷房ぐらいは再生可能エネルギーで賄える見通しが付いてもらわないとまずいんだよ、T」

「10年という数字と3つのシナリオのことは良く理解できた。他にもシナリオがあるかもしれないが思い付かない。多分、こんな感じなのだろう。なんとか一番目のシナリオに軟着陸して欲しいものだな」というTの言葉でこの話は終わりました。

ここまでのエネルギー基盤の移行に関する議論を整理すると、以下となります。

（1）今後の10年くらいの期間中に、再生可能エネルギー供給が大幅に増えて、世の中のエネルギー基盤の移行が比較的スムーズに進んでいくシナリオ

（2）再生可能エネルギー供給の増え方が不十分であり、それ故に現在よりもエネルギー消費を減らすことを主張する勢力が強くなり、数割のレベルでエネルギー消費を低減する方向に進むシナリオ

（3）再生可能エネルギー供給の増え方が不十分であり、経済と雇用、さらに生活環境を守るために必要なエネルギーの消費を許容する勢力が強くなり、化石燃料の使用を許容

し、原子力を脱炭素ソリューションとして積極的に活用する方向に進むシナリオ
今後、どのシナリオに進むかは予想できません。しかし、我々が使えるエネルギーの量と種類がどうなるかによって、社会が進む方向が変化し、ビジネスが大きな影響を受けることは容易に理解できるでしょう。
それでは次に、変化の時代において変わること、変わらないことを見ていきます。

変化の時代に変わること、変わらないこと

変化の時代に変わること

使えるエネルギー量や種類が変われば、ビジネスに大きな変化が生じると前項で述べました。それは間違いないでしょう。しかし、個々の人がその人生において求めることは、少なくともこの千年間を見る限り、あまり大きくは変わっていません。

人はいつも、物質的および精神的な豊かさを求めつづけてきました。今日も同じ目的に向けて進んでいると考えられます。ただし、豊かさの中身は変化しつづけており、それが『顧客価値』の変化として現われてきているだけなのです。

人間の根本的な願望があまり変化しなかったのに対して、人が扱う技術は長足の進化を遂げ、生活する環境は千年前と比べものにならないくらい改善されました。その過程で、社会の中での分業化が進み、事業や仕事の種類は各段に増えて多様化しました。

つまり、目的はあまり変わっていないにも関わらず、その手段だけが進化し、多様化し、千年前と比べて大きな変貌を遂げたということです。

ただし、手段が変化するスピードは時代によって異なっていました。ゆっくり変化する

時代とすばやく変化する時代があったということです。「今日はどちらか」と問われれば、「後者に分類される」と答えることになるでしょう。

さて、前節では100年ぶりに働き方が変わりつつあると述べました。産業革命の前の時代には、多くの仕事は最初から最後までのすべてを1人で行うことが多く、分業という概念はほとんどありませんでした。

一方、産業革命以降、特にこの100年については分業が当たり前となりました。これからの時代の仕事でも『分業』は続くと考えています。そして、この分業こそ、製品開発を成功させる要素であるとともに、失敗させる要素でもあるのです。なぜか？　それは本書を読み進めていただければわかるでしょう。

分業は大きく2つに分類されます。第1は社会的な分業です。事業の形で分業することにより、人間が必要とするモノやサービスを供給します。第2は、各事業をより効率的に行うためのプロセスの分業です。

事業の種類はこれまでの所、人間の歴史とともに増え続けてきました。常に新しい事業が生み出されてきたのです。新しい事業を行うプロセスは、従来から存在するプロセスを含みますが、必ず新しいものが入り込みます。故に、プロセスとしての分業の内容は増殖し多様化しました。

プロセスとしての分業を適切に行うためには、そのプロセスに『特有の知識とスキル』を獲得する必要があります。我々はこれを『専門性』と呼ぶようになりました。

専門性は多様化し、そして細分化されてきました。変化のゆっくりした時代であれば、細分化された狭い専門性を1つ持てば、それを生活の糧として生涯を送れたでしょう。

しかし、変化がはやい時代には、企業が行う事業もその事業を行うための仕事の内容も変化せざるを得ません。狭い専門性の賞味期限は短くなるばかりです。それを生涯の生活の糧には出来なくなりつつあるのです。そうかと言って専門性を素早く変えることも困難です。

では、どのように対応すれば良いのでしょうか?


結論を先に述べると、企業は変化に応じて『事業の内容』とそれに必要な『分業の内容』を更新しつづけなければなりません。その一員である個人は、『分業の内容』が変わる事を当然と考え、自分の専門性が陳腐化しにくいように『専門性の定義』を見直す、あるいは社会の変化に応じて専門性のカバーする領域を広げる必要があるのです。従来の専門性を『狭義の専門性』とすれば、広げて行く専門性は『広義の専門性』と呼べるでしょう。

この件に関しても、いつもの友人Tと議論したことがありました。

「以前の話で、変化の時代には『顧客価値』が変わるという話があったと思うのだが、他に変わることはないのか？」とTが質問を始めました。

「ある。それは企業が事業を行う際の分業方法が変りつつあることだ」

「規模の大きな仕事は必ず分業を伴う。それはよく分かるが、分業方法が変わるというのはどういうことだ。オンラインで仕事が出来るようになって、確かに働き方が変わってきたような気はするが…」

Tはよく分からないという顔をしています。

「分業とそれに必要な個人の専門性は密接に繋がっているのだが、まずは先に分業の話をしよう。分業には2つの型があるのは知っているな、T？」

「垂直統合型の分業と水平統合型の分業の2つだろ。自動車は垂直統合型の製品であり、コンピュータは水平統合型の製品という話だったと思う」

「実はそう単純ではないのだが、細かいことは抜きにして、とりあえずそういうことにしよう。ところで、これらの間にある違いは何だと思う？」

前述の単語は長いので、以後は『垂直分業』、『水平分業』と少し短縮して使うことにします。

「そうだな。まず、垂直分業では、擦り合わせがたくさん必要なので、異分野の専門家が一カ所に集まって顔を突き合せて仕事をする必要ある。これに対して水平分業の場合、要求仕様やインターフェース仕様が明確に定まっているので、それぞれが独立して分業をしやすい」とTが回答しました。

「そう。水平分業は一カ所に集まって実施する必要がない。だからグローバル化と非常に相性が良いし、オンライン化とも相性が良いんだ、T」

「なるほど。オンライン化しやすい仕事は、水平分業化された仕事ということか。水平分業の仕事は仕様とインターフェースが決まっているので、他企業だけでなく、自社内の社員にもポンと丸投げしやすいな」

「一方の垂直分業はそうは行かない。オンラインでのコミュニケーションも可能だが、誤解が生じやすい。垂直分業では多くの場合、1つの修正の影響があちこちに飛び火するからだ。会議の中で悪影響を受ける人が口を開いて反論してくれれば、問題があることに気付けるが、オンライン会議で黙っていられると何も気付けない。問題が仕込まれ、それが後日、爆弾となって破裂することがある」

「確かにそうだ。会議の提案に対して反論を持つ人はそれが表情には出やすい。しかし、その理由をロジカルに言えない限り黙ってしまいがちだ。面談会議ならば反応に気付いて、

『何か気になるのか？　些細なことでもいいぞ』とハードルを下げて疑問や反論を言わせることができる。でもオンラインでは気付けない」とTは同意して言いました。

「もちろん、垂直分業の良い所もある。それは目標を設定すると、専門分野の間で様々な擦り合わせが実施され、専門分野間における相互理解が進む。複雑な製品システム内の関係性、繋がりを理解できる人材を育成しやすい」

「逆にいえば、水平分業はそれが進み過ぎると、ある種の専門バカになりやすいということでもあるな。自分の仕事以外に疎くなり、上位の製品コンセプトが変わった時など、右往左往することになりそうだな、今成」

「そう。グローバル化が進んだということは、企業間の分業が垂直分業から水平分業に移行してきたことの1つのエビデンスだ。この上にIT技術の進歩も積み重なり、益々、水平分業の条件が整ってきた。オンライン水平分業はさらに進むだろう」

「顧客要求が変化して事業やその分業の内容を変える必要が生じた時、専門バカばかりの職場では大混乱を起こしそうだな」

Tは非常に重要な指摘をしました。

「その通りだ。水平分業が進むのは世の中の流れであり誰もそれに逆らえない。しかし、社会は変化し、顧客価値も変わる。企業はそれに合わせて『分業の内容』を更新しつづけなければ生き残れない。それに応じて個人も『専門性の定義』を見直す必要があるんだ、T」

「たしかに狭い専門性に固執する専門家はとても対応できないな」

「そう。企業内の多くの社員が、昔ながらの狭い専門性のままで問題ないと信じていたならば、遅かれ早かれ組織は機能しなくなる。専門性を広げる必要があるんだ」

「その流れには同意する。だが、個人が専門性の定義を見直すということのイメージが湧かない。具体例を挙げて説明してくれないか、今成」

「では、コンピュータのデータ保存装置を例に取って説明しよう。これらの歴史を振り返ると、最初は磁気テープだったが、その後、薄い円盤を回転させるフロッピーディスクが出てきた。それらはコンパクトディスク、ハードディスクへと進化した。更に今日では、回転しないソリッドステートディスクになって小型化が進んだ。

もし、企業もその社員である個人も、『自社や自分の専門性はフロッピーディスクである』と限定したならば、データ保存方式の主流が変わった時、企業は潰れ、個人は失業する事になっただろう。

しかし、自分の専門性はデータ保存装置だと考えていたならば、絶えず別の方法も研究し、企業が潰れても他に職を得ることができる。そういう意味だよ、T」

「言いたいことは分かった。前者が『狭義の専門性』であり、後者が『広義の専門性』

というわけだな。ただ、世間を見る限り、狭い範囲の専門性の中にこもっている人たちが多いように思うんだがね」とTは皮肉っぽく言いました。

「そう思う。だから、それではいけないぞと言っているんだ」

「そう言うが、陳腐化しにくいように『広義の専門性』をうまく設定するのは難しいぞ、今成。時代や社会の要請に合わせて専門性の中身を少しずつ広げていくならば出来そうな感じがするが…」

「それでもいいんだ。専門性を狭く設定しすぎると発展性がなくなる。逆に広すぎると専門性が薄くなる。発展性のある形で専門性を定義するのがベストだが、次善の策として、最初は狭い専門性でも、世の変化に合わせて広げていけるならばそれで良い」

「そうか、それなら出来そうだな」

「教育機関だと少し違うが、企業における専門性はあくまでもビジネスの手段だ。市場や顧客が変化すればその変化に適応しなければならない。『狭義の専門性』の賞味期間はどんどん短くなっていることに気付く必要があるんだ、T」

「耳が痛い話だが同意せざるを得ないな」とTは少し苦い顔をしながら言いました。

その上で、新しい質問をしてきました。

「そういう事もあって、最近、ジョブ制度の話が本格化してきたんだな。ただ、日本はあまり経験がない。企業側がジョブの設定を間違え、個人がその設定を真に受けてしまうと、将来、役に立たない専門家になって路頭に迷うことになるのではないか？

例えばさっきのデータ保存装置の企業を考えた時、企業側が『君はフロッピーディスクの専門家であり、その専門性を深めてくれ』と要求してきたら、個人はそれに従うことになるのではないか？」とTは鋭い疑問を呈してきました。

「ジョブ制度の難しさはそこにある。企業側も個人側もジョブの設定には細心の注意を払う必要があるということだ」

「変化の時代には、既存事業であってもその実行プロセスを変えざるを得ないだろう。新事業の場合は当然として、企業はジョブ設定でかなり間違いを犯すのではないか。企業ではたらく個人は自衛する必要があるように感じるぞ、今成」

「そのとおり。個人は自衛が必要だが企業も同じだ。自社の専門性の定義を間違えると経営が危うくなる。だから、今の専門性を進化させていくスキルを身に付ける必要がある。それは、自分の顧客が社会の中の誰から誰に変わりつつあるかを知り、自分の専門性が顧客に与える価値を客観的に分析・評価するスキルだ。個人も企業もこれを身に付ければ、自分や自社の専門性の価値が低下しはじめた時、それに気付くことができる」

「ほう、それは興味深い。気付ければ、専門性がカバーする範囲の見直しに着手できる。

陳腐化を防げる。だが、そのスキルを修得するのは難しいのではないか？」

「それほど難しくない。顧客価値やその変化を自分の頭で考えて整理し、何が不足しているかを見えるようにする方法があるので、それを使えばよい。実際、この方法を学んだ一般の企業人は、この方法をうまく使いこなして成功している。企業とそこで働く個人の両方に役立つ方法なんだ、T」

「そうか。では、近いうちにその方法について詳しい話を聞かせてくれ」

「いいよ。ただ、1つ注意があって、この方法は偏見に囚われていると使いこなせない。偏見の筆頭は自分の働いている企業の常識だ。この常識から解放され、現実を直視できるようになれば、方法を使いこなして正しい結論に到達できる」


以上で友人との会話を終えました。ここまで変化の時代に変わることを述べてきました。次は大きな変化があったとしても本質的に変わらないことを見ていきます。

変化の時代でも変わらないこと

「エネルギーの種類や量が変わり、ＩＴ技術の進化によって働く環境や分業のあり方が変わったとしても、ビジネスにおいて変化しないことは何か？」と問われた時、あなたはどう答えますか？

この問題について、いつもの友人Tと話した内容を以降に述べますが、まずは自分なりの考えを整理した上で読み進めていただくと、より理解が深まると思います。

「先日、脱炭素化によって使えるエネルギーの種類や量が変わるかもしれないという話があったが、それって、新しい製品を企画・開発する人たちにとってはものすごく大きな変化だよな？」とTが唐突に質問してきました。

「そうだな。例えば、これまで化石燃料を燃やして取り出したエネルギーを使う製品を開発してきた人が、急に『電力で動く製品を開発してくれ』と言われたら、一部の人たちを除いて、ほとんどの人は対応できないだろう。人は急に専門性を変えられないからな」

「だから『学びなおし』の時代になったというわけか」とTが切り返してきました。

「少し違う。いつの時代であっても一定の『学びなおし』は必要だった。だが、それは専門性を深める、広めるという意味で使われていた。全く異なる専門性を『学びなおす』という話ではなかった。両者の間には雲泥の差がある。

世の中の変化がゆっくりだった時代には、まだ、専門性を変えるために必要な時間的な余裕があったので、その気になれば適応できただろう。だが、変化の速い時代には、その時間的な余裕がない。だから非常に困難だと思うぞ、T」

「たしかにそうだな。若ければ可能かもしれないが、中高年になってから別の専門性を学びなおすのは相当に厳しいいな。『学びなおし』を強要し始めている今日の状況は、少しおかしいということか？」

「そうだ。専門性を深める、あるいは広げることは出来るだろう。『広げる』という過程において、新しい専門性を一部取り入れることもできるだろう。しかし、まったく異なる専門性に急に変われと言われて対応できる人は少数派だ」

「そうだな。何となく無理なことを求める風潮が強まっていると感じていた。とは言え、世の中がそういう方向に進むならば、それに適応するための何かうまい方法が出てくるのではないか？」とTは質問を少し変えてきました。

「映画『マトリックス』のように、外から脳に知識をアップロードできるなら可能かもしれない。しかし、それはずっと先の未来の話だろ。今はまだ、時間を掛けて学びなおす以外に方法はないと思う。ただし、変化の時代に適応するための、オーソドックスな方法ならばあるぞ、T」

「ほう、面白い。それは何だ？」とTが身を乗り出しながら訊きました。

「それは、『知識をあつかう知恵を身に付けること』だ。知識は時間とともに増殖するが、知恵は知識を使いこなすノウハウなので時代によってほとんど変わらない。身に付けると生涯役立つし、その応用範囲も広い」

「なるほど。今はインターネットの時代だから、最先端の知識は得られないとしても、少し前の知識ならば誰でも手に入る時代だ。断片的な知識の価値は確実に低下している」

とTはつぶやきました。

「だから、知識を組み合わせて新しい価値を生み出す、あるいは問題を解決するという知恵が以前よりも重要な時代になってきたと考えている。この知恵を馴染みのある言葉に言い換えると、それは『マネジメント法』なんだ、T」

「マネジメント法か。たしかに知識を扱う方法だな。マネジメント法というからには、それを必要としている人達は経営層やマネジャ層が中心だな。その中でも、変化の時代に最もそれを欲しているのは誰だろうか?」。Tは自分に問うように言いました。

「製品企画や製品開発の責任者、プロジェクトマネジャ層やチーフエンジニア層かな。変化の時代には、この職種の人達は従来よりも一段高いマネジメント力を持つ必要があるからだ。そうでなければ生き残れないはずだ」

「なるほど。この職種の人達がマネジメント法という知恵を身につければ、環境の変化が生じてもそれに耐えられるようになるということか。面白い話だが、具体的にどういうことなんだ？」とTは前のめりになって質問を続けます。

「変化の時代には事業を行うために必要な知識がどんどん変わっていく。従来は、既存の知識に少しだけ新しい知識や技術を加えて製品企画を行い、それを開発していた。だが、これからは新しい知識、技術の比率が大きく増えることになる」

「と言うことは、開発リスクは確実に高まるな、今成」

「そのとおりだ」

「その知恵は、開発リスクを評価して判断するのに役立つということか？」

「そう。この知恵が最も役に立つのは、製品企画から開発段階に移行するタイミングだ。企画段階でも同じ程度に役立つ。製品開発が始まってしまってからでも役立つが、企画の段階や企画から開発に移行する段階に比べると効力は少し落ちる。

今後の新製品開発では、経験が無いあるいは少ない新しい知識、技術が多く入り込んでくる。企画から開発に移行する段階において、その開発が成功するか失敗するかを正しく判断する場面で役に立つ」

「何となくは分かるのだが、もう少しかみ砕いて説明してくれないか、今成？」

「そうだな。製品開発における成功と失敗の境目を正しく設定するノウハウだと言えば分かってくれるか？　あるいは、開発の途上で大トラブルに遭遇したならば、そのトラブルの直接的な原因はもちろん、その奥にある根本原因を見つけ出すのにも役立つノウハウでもある」

「そういうことか。分かった。でも、成功と失敗の境目を正しく見つけることなんか、本当にできるのか？」。Tが半信半疑の顔をして尋ねてきました。

「できる。多数の実績もある。前にも話したと思うが航空機産業に長年いると、開発のリスクに神経質になる。世の中の製品で起こりえる殆どのリスクに遭遇し、経験してきた。成功と失敗の事例もたくさん見てきた。それらを研究した結果、製品開発の命運を分ける境目を定義できるようになったんだ」

「それって、航空機以外にも使えるのか？」。Tの質問は続きます。

「実際に航空機以外の分野に適用したがどれもうまく行った。結局の所、どんな製品も、あるいは、その製品を製造する生産システムであっても、開発が順調に進むという条件に大きな差はない。違いがあるのは専門的な知識の部分だけだ。その部分については当然、専門家の協力が必要だ」

「そうか、やっと分かってきたぞ。専門知識も重要だが、それを製品として世に出せるかどうかを見分ける知恵が重要だということだな、今成」

「ところで、成功と失敗の境目を見極める方法は、製品だけでなく、アフターサービスにも適用できるのか？　最近、ライフサイクル事業が重要になってきたので興味があるんだ」

「できるよ、T。これについても、根本的な考え方は同じだよ」

「そうか。それは面白いな」

ここまで、変化の時代にあっても変わらないことの代表は『知識をあつかう知恵』であり、企業の立場でこの知恵を言い換えると、それは『マネジメント法』であると述べました。さらに、変化の時代にこのマネジメント法が最も役立つ分野は、製品企画や開発業務であるとも述べました。

ここまでの話についてご理解いただけたでしょうか。ご理解いただけたならば、次は、製品開発を成功に導くための実践的な方法に関する話に入りたいと思います。

第5章

『絶対に失敗できない製品開発』を成功に導くアイリスマネジメント法

リーダーのための、開発成功率を飛躍的に高める方法

開発の成功に影響を及ぼす2つの前提条件

本書では、製品の開発を成功させるためには、製品を構成する多数の要素のそれぞれについて、成功と失敗の境目を正しく設定し、それを超えることが重要だと述べてきました。「当たり前ではないか」という反応をする人が多いのですが、彼らの製品企画あるいは開発を実際に確認すると、多くのケースで重大なリスクの見落しがありました。見落された所では、大抵、前述の境目が曖昧であり、明確にするとこれを超えていないことが判明しました。実は危うい状況にあるのに気付いていなかったのです。

面白いことに、重大なリスクの見落としを指摘した時の反応が大きく3つに分かれるのです。

第1は、指摘を真摯に受け取り、自社の仕事の進め方を即座に見直そうという反応を示す人達です。

この人達には、なぜ、重大なリスクを見落としたのか、その原因を説明します。すると、現実を直視する目が備わっているので、すぐに理解し、リスク洗い出しプロセスの改善に

着手します。

リスク洗い出しプロセスが改善し、重大なリスクを漏れなく特定できるようになると、次の段階としてリスクをどこまで低減するのかという定量的な指標が必要だと気付きます。そして、開発には成功と失敗を分ける境目があることを自然と認識し、これを正しく設定する必要性を理解します。

そこに至ると、あとは1つ1つそれらを設定・評価し、境目に到達していない案件にはこれを迅速に高めるための根源的な対策を考えて手を打ちます。

手を打つことによって製品成熟度が向上し、境目に到達すれば企画から開発に進む道を選択します。一方、手を打っても製品成熟度が到達しない場合は、開発には進まずに企画に差戻します。差戻す以外の対処もあり、それは後述します。ただ、原則は差戻しです。

差戻すと担当者が気落ちすると考えがちですが、理由や合格基準が明確だと、実際には気落ちするよりもリターンマッチに向けて闘志を燃やすケースの方が多数派でした。

結果として、その後のビジネスにおいて大きなトラブルを回避することができるのです。もちろん、適切な市場投入のタイミングを逃す場合も出てきますが、それは自社の能力が不足していたのだと反省し、次の機会に焦点を当てて準備、研鑽するのです。

第2は、重大なリスクを指摘されたことに動揺し、立往生してしまう人達です。問題は認識するものの、何も決まらないままに時間だけが経過していくのです。

この反応に遭遇した時には、「リスクは回避すべきものではなく、管理すべきものであり、リスクを低減するプランを作れば良いだけです」と当たり前の話をするに留めます。アドバイスを受け入れ、重大リスクを低減するための方策を考えて前に進む人達もいましたが、立往生したままの人たちもいました。

第3は、重大なリスクを目の前にしてもそれを無視する反応を示す人達です。具体的な反応としては、「確かにそれは重大なリスクだ。しかし、開発チームにはエース級を集めたのだから解決できる」、あるいは「開発にはリスクが付きものだ。どんな大きなリスクでも本気で取り組めば必ず突破できるものだ」といった精神論を主張するのです。

精神論を主張する人たちは、「人材が成功のための唯一の条件だ」と暗に信じているため、リスクの洗い出し方法を改善することはせず、成功と失敗の境目が厳然と存在することも無視します。最も危ういパターンと言えます。「なぜ危ういのか」を以下に説明します。

優秀なリーダーに率いられた優秀なチームは、時に不可能と思われていた難関を突破し成功する場合があります。ただし、確率を評価すると3回に1回、あるいは5回に1回といった具合です。

どうしても追い込まれた時にこの方法を一度だけ採用することは否定しません。問題は、一度でも成功するとその体験に味をしめ、この方法を繰り返してしまうことであり、それが危ういのです。2回連続、3回連続で成功する確率が極めて低いからです。

映画やドラマでも、この優秀なチームが困難を乗り越えて成功するというストーリーがもてはやされています。実際に見ていてワクワクします。でも、それは1回だから上手くいくのです。

日本の歴史でも類似の話があります。有名な戦国武将である織田信長は、情報網を構築することにより、敵方の数分の一の軍勢で桶狭間の戦いに勝ったと言われますが、その後の戦いでは、必ず敵に確実に勝てるだけの軍勢を準備するようになりました。運の良さは続かず、再現性が無い方法であることを知っていたからだと思います。

こういう話をすると、「では、開発において人材スキルはどうでも良いのか？ 製品開発の成功と失敗を分ける境目さえ超えていれば、どんなリーダー、どんなチームであっても成功するというのか？」という疑問を持つ人が多いでしょう。

もちろん、答えはノーです。

製品開発の仕事ではチーム全体の能力は足し算ではなく掛け算で効きます。たくさんの専門性を組合せて作り上げる製品プロジェクトでは、たった1つでも必要最低限のレベルに達しないものがあると、成果は限りなくゼロに近づいてしまうからです。

ただし、必要最低限のスキルを持つ人材は特別な人材ではありません。一定期間の経験を積めば大抵の人が到達できるレベルのスキルです。つまり、開発に必須のスキルが何かを正しく認識した上で、閾値《しきいち》以上のスキルを持つ人材を揃えれば良いのです。

必要人材を揃えるマネジメントは開発を成功に導く前提条件の1つです。しかし、この前提条件だけでは不十分です。もう1つの条件は、もうお分かりだと思いますが、『開発の成功と失敗を分ける境目を超えていること』です。

この2大条件が満たされていれば、製品開発の成功率は9割5分を超えます。

このような話をすると、「ならば、開発の成功と失敗を分ける境目を超えていない要素がいくつか残っている場合にはどう対処したら良いのか?」という質問をよく受けます。詳細は後述しますが、結論だけ先に述べると以下のようになります。

「それらの要素の成熟度が境目の成熟度に対してどれだけ低いのかに依ります。境目のレベルに対して2段階以上も低いならば成功する確率はかなり低くなります。仮にエース級の人材を充てたとしても成功確率は3割以下です」

「では、同じ条件で不足する成熟度が1段階だったら成功確率はどれくらい上がるのか」と聞かれますので、「幅はあるが平均で、成功確率は6割くらいまでは上がるだろう」と答えます。

問題を熟知したエース級人材を充てて取り組めば、当然のこと、成功確率は上がります。しかし、それでも成功するのは3回に2回未満であり、3回に1回以上は失敗するということです。その点をしっかりとご理解いただくことにしています。

なお、エース級人材を集める対策を行うのは緊急時だけに限定することを勧めています。なぜなら、人材を引き抜かれたチームにおける副作用が非常に大きいからです。この方法が常態化すると、組織のモラルがどんどん低下しますのでご注意ください。

特別に有能な人は少数ですが、平均レベルの人材は豊富だと思います。製品開発の数が増えてきて、それらの成功確率を飛躍的に高めたいならば、平均的なチームで成功できる方法を学ぶのが合理的です。

ここまでの所についてご理解いただけたでしょうか。そうであれば、次はその要となる『開発の成功と失敗を分ける境目を設定する方法』に進みます。

開発の成功と失敗を分ける境目を設定する

ここまで、開発を高い確率で成功させるための必要条件、十分条件について述べてきました。必要条件は開発に求められる最低限のスキルを持つ人材を揃えることでした。他方、十分条件は、『製品成熟度』という指標を用いて、開発の成功と失敗を分ける境目を正しく設定することでした。

本項とその後の2つの項ではこの十分条件に焦点を当て、製品成熟度という指標を適切に設定するための方法を述べていきます。

製品成熟度は、製品事業を構成する多数の要素について、それらが開発に進める状態にあるのか否か、あるいは開発をこのまま継続して事業化まで辿りつけるのか否か、更には製品が市場に出てから問題を起こさないか否かを客観的に示す指標です。

『成功と失敗を分ける境目』は、製品生涯の各ステップにおいて達成すべき製品成熟度として設定します。製品開発の成功確率が高い企業は、『何らかの形で』この境目を認知しており、失敗確率の高い開発を避ける仕掛けを組み込んでいます。

『何らかの形で』と強調したのは理由があります。開発がうまく行っている企業の多くは、製品開発で苦労した経験者が在籍し、その人達が目を光らせてこの境目や達成すべき製品成熟度を守らせているのです。しかし、それができる人数は少ないので、開発の数が増えてくると目が届かなくなってしまいます。

「ならばその人達のノウハウを文書化すれば良いではないか」と主張される人がいると思いますが、文書化している企業は少数です。それが暗黙知だからです。暗黙知はこれを保持している人には当たり前であるため、特別な押さえ所だと気付いていない場合も多く、よって他者に伝承するのが難しいのです。

もちろん、暗黙知の伝承がうまく行く場合もあります。うまく行っている間は大問題が生じません。しかし、伝承を確実にする仕組み、プロセスを構築しない限り、いつか必ず伝承が途切れる日がやって来ます。それは、ある時から急にトラブルが多発しはじめるという形で現れます。

今日、この暗黙知の伝承は以前と比べ、ますます途切れやすい環境になってきました。理由は2つあります。最も大きな理由は専門性が細分化したことにより専門性と専門性の隙間にある課題や問題の伝承が抜け落ちるためです。これが本質と言えるでしょう。

もう1つの理由は、細分化された専門の中でも生産性向上が求められ、そのための手段として自動化、マニュアル化が進み、1つの専門性の中ですら、その仕事の全体像が見えなくなってきたことです。

「なぜ、この仕事のプロセスは正常に機能しているのか？　全体像はどうなっているのか？　どこが安全や品質の肝なのか？　どこがコストダウンしても安全や品質に問題を生じない所なのか？」といったことを系統的に学べなくなったということなのです。

仕事の全体像の理解を高めるよりも、部分を深く追求することを重視する風土がそれを助長している場合もあります。これは企業文化、企業風土の問題です。

トラブルは、製品の品質や安全性が損なわれるという形で表れる場合が多いのですが、製品やサービスの価格競争力が低下するという形で表れてくる場合もあります。

トラブルを避けるには、暗黙知を文書として目に見える形にすることが最も有効です。文書化すると気付くことなのですが、どのような専門性であっても、成功と失敗を分ける境目となる指標、つまり製品成熟度のレベル感は似たようなものになります。

これは、根底にあるモノの考え方が、分野に依らずに実は類似しているのだということを意味しています。かりに専門性が異なっていたとしても、開発がうまく進むか進まないかを左右する基準には大差がなく、水平展開が可能だということなのです。

このような話をすると、「いや、当社の事業や製品は特殊なので、一般的な方法では扱うことができません」と応える人がいます。その時には、その人の事業や製品をお聞きした上で、特殊と考えていることについて1つずつ、他の業界や製品でも使われていることを示していきます。そうすると、大抵、ご納得いただけます。

製品開発の成功と失敗の境目としての製品成熟度の設定方法は、基本的に3つの部分に分けられます。まず『何について設定するか』、次に『どう定量的に設定するか』、そして『時間に対してどう設定するか』の3つです。方法の全体像を把握するには、時間の経過に沿って概観するのが良いので、３つ目の項目から話を始めます。

アイリスマネジメントの製品開発法では、対象とする期間を企画、開発期間だけでなく、製品ライフサイクル全体を扱います。

『開発の成功確率を高める方法』が意味する所は、開発の終了時に成功した様に見えることではなく、世に出た後も問題を起こさずに製品寿命を全うできるようにする事です。また、第2章で述べたように、本法は製品開発の分類においてタイプBとCを対象としており、タイプAは対象外であることを思い出してください。

では、なぜ、タイプB、Cの製品ではライフサイクル全体を扱う必要があるのか、その理由を以下に説明します。

製品ライフサイクルが短い場合、例えば3年、5年であれば、企画、開発から顧客運用を経て生産終了、サービス終了まで、すべての事業プロセスを職業人生の中で何回も経験することができます。分業体制で仕事をしていても、他の専門性からのフィードバックがたくさん入ってきます。

これに対して、ライフサイクルが長くなると、職業人生の中で製品の最初から最後までを扱う経験はせいぜい3回か4回です。分業体制で仕事をしていると、他の専門性からのフィードバックがほとんど入りません。その結果、タコツボ化が進みやすくなるのです。経験する回数が多ければ、若手からベテランまでの幅広い層が、製品ライフサイクルを通してその製品事業の知見、ノウハウを獲得できます。特に重要なのが、運用初期段階における顧客価値と、一定期間を経過した後の顧客価値の変化を実感できることです。

仮に、顧客が製品に対して満足していない部分があれば、製品開発プロセスのどこかを改善する必要があるということです。また、顧客が価値を置く事が時間とともに変化していれば、それを企画や開発プロセスにフィードバックしなければなりません。

製品ライフサイクルが短いタイプAの製品であればこれらの対処は難しくありません。しかし、製品ライフサイクルが長くなるにつれ、これらの対応は急速に難しくなります。なぜなら、顧客の声が出てくるのは開発を終えてから数年経過した後であり、忘れた頃にやってくるからです。当時、企画や開発を担当していた人達は別の開発に従事しているか、他の部署に異動して別の仕事をしています。そのため、顧客の反応が個人に対してはフィードバックが掛かりにくいのです。

つまり、製品ライフサイクルが長い製品では、顧客の声を適切にフィードバックするには組織的な仕組みの構築が不可欠だということです。この仕組みを意図的に構築しない限り、開発プロセスは旧態依然のまま変わらず、ずっと同じことを繰り返してしまうのです。

同じやり方を繰り返していたら、たとえある製品で顧客から高い評価を得て成功したとしても、次の後継機種では他社に顧客を奪われるといった事が起きてしまいます。

では、どうすれば良いのでしょうか？

製品ライフサイクルは、どの製品であれ、企画、開発、量産、アフターサービスという流れで進みます。既存事業ならば、前の機種における量産、アフターサービスという下流プロセスで出てきた課題、問題を対象の下流プロセスだけでなく、上流にある企画、開発プロセスにも反映すれば良いのです。

どう反映するかと言えば、ライフサイクルの各段階において、前に進むために必ず達成しなければならない条件として反映するのです。問題を起こした専門性だけを対象とするのではなく、関連する全ての専門性に反映できるような一般化が極めて重要なのです。

では、企画、開発、量産、アフターサービスというライフサイクルをどの程度の細かさで区分し、製品成熟度をモニターするゲートを置けば良いのでしょうか?

ライフサイクルをいくつに区分するかは各社の事情に依りますが、ここでは1つの典型として、製品の企画スタートから開発が終了するまでを10ステップとし、その後に目標の量産規模に到達し、アフターサービスを経て最終的に製品生涯が終了するまでを2つのステップ、全部で12ステップとして考えます。

「細かすぎる」と言われることがあります。しかし、ステップが粗すぎると判断を誤ることになります。なぜなら、重大リスクの種が仕込まれていたとしても、その芽が小さいと見逃しますが、次のステップまでの時間が長すぎるとその芽は手が付けられない程までに大きく成長してしまうことがあるからです。

つまり、このステップ数、階段の数は、製品開発において致命的な問題が起きることを予防できるように設定する必要があるのです。もし、この予防ができない仕組みならば、存在していてもあまり意味がありません。単なる儀式になってしまいます。

「必要なタイミングで細かく審査を実施しているのだが、どうしても抜け漏れが生じ、後日、大問題が生じるケースが後を絶たない」という話をよく聞きます。その審査方法や内容を詳しく伺うと、最も多い原因は審査する項目の見落としであり、次に多いのが審査の合格基準が定性的で曖昧であることでした。

次はこれら2つの問題の話に移ります。

具体的に何を設定するか

アイリスマネジメントの製品開発法では、ライフサイクルの各ステップにおいて、製品開発に影響を及ぼす要素をすべて可視化しその成熟度を評価します。このプロセスによりリスクの大小を明らかにし、リーダーである貴方が適正な判断を下せるようにするのです。

製品成熟度を設定・評価する領域が広いため、抜けもれなく必要な全要素を洗い出すには、対象領域をいくつかに分割して実施するのが有効です。

アイリスマネジメント法では、製品成熟度を『ビジネス成熟度』、『技術成熟度』、『生産成熟度』、『サービス成熟度』の4つに分割し、その中で必要な全要素を扱います。その際、これらの間に生じやすい隙間や分断を防ぐ工夫を導入しています。

なお、言葉の定義として、製造業では『サービス』を『アフターサービス』と読み替えていただいて構いません。

以降、この4つの項目に沿って説明を進めていきます。この分割法を示した時、多くの方から「ビジネス成熟度とは何だ？」と質問を受けることが多いので、そこから始めようと思います。

『ビジネス』の領域では、通常、市場、予算、各種リソース、知財および法務の検討を行い、その準備状況を確認します。準備状況についても、製品ライフサイクルのどの段階、ステップまでに何をどのレベルまで達成しなければならないかを成熟度として設定しますが、これらは当たり前の話であるため本書では割愛します。

むしろ、製品開発の運命を左右するほど重要であるにも関わらず、殆ど触れられてこなかった、製品ビジネスの命運を左右する2つの事項に焦点を絞って述べることにします。1つは社外に関する事であり、もう1つは社内に関する事です。

第1の事項は製品ビジネスに関わる自社以外の存在に関係する話です。製品ビジネスは自社だけで行うものではなく、まず顧客がいます。更に、自社だけですべてを揃えることは出来ないのでパートナーやサプライチェーンがいます。

当然の話ですが、自社の製品、自社の担当領域だけが成功してもビジネスの全体が成功するとは限りません。自社に加えて、顧客、パートナーおよびサプライチェーンの全てが、少なくとも最低限の成功を収めてこそ、ビジネス全体が成功するのです。

「当たり前のことを言うな」という声が聞こえてきそうですが、現実の職場を観察すると、殆どの人は自社の担当領域、自分の担当分ばかりに目を向けています。もちろん顧客に対して営業し、取引先であるパートナーやサプライチェーンについて事前に調査をしています。しかし、大事なことを見逃しています。

それは、顧客、パートナー及びサプライチェーンの各社が開発しようとしている製品の実力、即ち製品成熟度であり、それを裏付ける技術成熟度、生産成熟度、サービス成熟度です。

彼らの実力、成熟度が、開発に進むための成功と失敗を分ける境目を超えているのか、あるいは超えられる確度が高いのか否かを十分に評価していないのです。

「取引先の能力調査は実施しており、まったく問題はない」と胸を張る人がいますが、話を聞くと、大抵は感覚的でアバウトな評価しかしていないケースが多数派でした。また、単に相手が大手であるということだけで妄信している場合もありました。

その結果、開発に進んでから問題が顕在化し、日程遅れやコストアップというトラブルに悩まされることになってしまった事例は枚挙にいとまがありません。

「自社とサプライチェーンの製品および製品を裏付ける技術、生産、サービスの成熟度を評価するのは理解する。しかし、顧客についても成熟度を評価するというのはどういう事だ？」と問う人も時々います。

顧客製品の成熟度を問うことはB to B製品事業では必須です。なぜなら製品システムの頂上にいる顧客が負け馬ならば、貴社を含めて取引先の企業群がすべて負け馬になってしまうリスクが高まるからです。

部品や素材が標準化されたコモディティ製品を扱っているならば、まったく同じモノを他の顧客にも提供できるので顧客を選ぶ必要はありません。しかし、コモディティ製品では競合他社が多数おり、終わりなきコスト競争という別の厳しさが待ち構えています。

本書はコモディティ製品の企業向けではなく、他社と差別化した製品を企画、開発する企業向け、特にその責任者向けのものです。そのような差別化した製品を提供する場合、顧客もコモディティ製品企業ではないため、顧客毎に要求仕様が少しずつ異なります。

要求仕様の違いが僅かでも、安全で適正品質の製品に仕上げるには多大なリソースを投入しなければなりません。負け馬に貴重なリソースを割くよりも、勝ち馬にリソースを集中する方が合理的だと言えるのです。

ですから、その顧客が売ろうとする製品市場がどんなに有望であっても、準備が不十分な顧客とのビジネスは避けるべきなのです。

サプライチェーンでも同様です。一例として素材を購入する場合を考えてみましょう。ある素材メーカが開発する製品向けに売り込みをしてきました。その際、他社よりも2割安い価格を提示したとします。持参された試作品を見る限り、こちらの要求を満たしています。あなたならどうしますか？

2割安いのは魅力的です。その試作品は素晴らしいのですが、実はその試作品は大量に試作した物の1つでしかなかったことが後になって判明するのはよくある話です。

こういう時でも、そのサプライチェーンを『技術』、『生産』、『サービス』の3つの視点で素材に関する全要素を成熟度の視点で確認すれば、仮に全ての情報が揃っていなくても、適切な相手かどうかを見破ることができるのです。

顧客、パートナー、サプライチェーンという他社における『技術』、『生産』、『サービス』の成熟度をどこまで深く把握し評価できたか、それも『ビジネス成熟度』を構成する1つの重要な要素になるのです。

第2の事項に移ります。こちらは自社の内部マネジメントに関する話です。

顧客価値を高め、差別化した製品を企画、開発するためには、必ず『新しい何か』を付加することが求められると前に述べました。

『新しい何か』の代表例は、新しい製品コンセプトやそれを実現する要素技術、新しい生産システム、これを実現する製造設備や生産技術、あるいは新しいサービスコンセプト、これを実現するサービス設備や技術などです。

高い顧客価値を提供し、しかもライフサイクルを通して大きな問題を起こさない製品を開発するには、その前提として製品を構成するすべての要素について、『技術』、『生産』、『サービス』の視点で、成熟度が『成功と失敗の境目』を超えていなければなりません。

誰が成熟度を高めるのかと言えば、それは技術部門、生産部門、サービス部門ですが、彼らに任せておきさえすれば必要な時期までに成熟度が上がるのかと言えば、必ずどこかの部門で停滞や遅れが生じてしまうのが実情です。

停滞や遅れが生じたならば、その原因を突き止めて取り除く必要があります。この時に、誰がこの活動のリーダーシップを取るのかが必ず議論になります。

停滞や遅れを起こした担当部門の責任者に任せる例をよく見掛けます。だが、これはお勧めしません。なぜなら、それが出来るならば、そもそも停滞や遅れを起こしていないからです。

このような場面では、開発全体を統括する『ビジネス』の責任者が前面に出てくることが求められます。『ビジネス』の責任者は、プロジェクトの体制が構築されたあとであればプロジェクト・マネジャであり、その前段階ならば企画リーダーです。

停滞が起きた時に担当部門に任せたまま放置すると、製品成熟度がまったく上がらずに時間だけが経過するというパターンに陥り、それが致命傷になることが多いのです。

一例を挙げましょう。例えば、企画段階の初期において新しい技術の研究を始めようとしたら、研究に不可欠の装置や設備が社内には無いことに気付きます。企画の初期段階は人員も予算も不足しているのが一般的であり、放任しておくと研究がまったく進捗しないという事態に陥りがちです。

社内に無い装置や設備は社外のものを利用すれば良いのですが、これを適切に行うには様々な事前交渉や調整、さらには契約事務も生じます。

『技術』、『生産』、『サービス』部門では、自分に与えられた環境の中で専門的な仕事を行うのが得意な人の割合が多く、環境を整えるためにあれこれ考えて動くタイプの活動が苦手な傾向にあります。

社外の装置や設備を利用しようとしたら、まず、必要な設備を持っていそうな社外機関を調べ、次にその機関の持つ設備のスペックがこちらの要求を満たすかどうかを知る必要があります。この際、秘密保持契約を結ばないと教えてくれないケースもあります。

仮に、ある社外機関がこちらの欲しい設備を持っていることが分かったとしても、その後には、設備を使うための契約を結ぶ必要があります。その際には使用期間、使用頻度はもちろんとして、予算についても明確にして交渉に臨む必要があります。

予算の話では、当初予算内にあれば問題は生じませんが、大抵の場合、その予算を超過することになるので、その瞬間に彼らの手には負えなくなります。予算増額の相談に来れば良いですが、何も言わずに悩みつづけ、時間だけが過ぎていく例が多いのです。

このような場面を避けるためには、研究のための環境整備は『ビジネス』の仕事であると考え、常に目を配る必要があるのです。製品企画の段階では、研究スピードが事業化の成功を左右する前提条件であり、『ビジネス』が担当すべき仕事なのです。

「いや、それは担当部門の仕事だ」と主張し、彼らに問題解決を押し付けることは可能です。しかし、最終責任はプロジェクト・マネジャや企画リーダーにあるのです。最後はあなた自身の問題になるのです。

もし、「これは担当部門の責任であり、プロジェクトや企画部門の責任ではない」という主張がまかりとおる企業ならば、その企業では、画期的な新製品の開発をできない風土ができあがってしまったと言わざるを得ません。

製品の企画段階では、研究や技術開発のスピードが重要であり、スピードを高めるための環境づくりが重要です。この環境をどこまで構築できたか、それも『ビジネス』の成熟度を構成する1つの重要な要素になるのです。

さて、ここからは4つの項目の2番目にあった『技術成熟度』の話に移ります。

『技術』と言うと、製品の設計技術や要素技術を思い浮かべる人が多いのですが、本書では、これに生産技術とサービス技術を加えて考えます。

その理由を以下に説明します。製品を形にするには設計技術と要素技術が必要であり、これを適切な価格で生産し維持するには生産技術とサービス技術が必要です。これら4つの技術の間には一定のトレードオフ関係が存在しますが、『新しい何か』が追加された瞬間に、このトレードオフ関係が根本から変わってしまうことがあるからです。

しかし、この変化を無視し、従来のトレードオフ関係が変わらないと信じ込み、各技術分野が独立して活動を進めてしまう事例を頻繁に見かけます。このやり方で進めると多くの場合、袋小路に達し、身動きが取れなくなってしまうのです。

これは、専門性と専門性の間のトレードオフ関係がいちど設定されてしまうと簡単には変えられないという事実に起因しています。

後の段階になって目標の顧客価値を達成できないことが分かって調整しようとしても、既に固まったトレードオフ関係の中でしか調整できません。その結果、製品全体として、顧客要求を満たしていない陳腐な妥協の産物となってしまうのです。

妥協の産物は自社の実力を完全に発揮したものではありません。

同じ話はパートナーやサプライチェーンとの間のトレードオフ関係にも当てはまります。妥協して出来上がった製品が、国内や世界で高い競争力を持つことは滅多にないでしょう。

ですから、製品の設計技術、要素技術、生産技術、サービス技術を一括りの『技術』として扱い、企画の初期段階においてこれらの間にあるトレードオフ関係を製品に適した形に変えるための方策を議論し、これを実現する計画を策定・実施する必要があるのです。

顧客価値を高める、あるいは差別化するために必要な『新しい何か』は、技術の観点で言えば、既存技術でそれを実現できる場合と、既存技術では実現できず新しい技術の開発が必要になる場合の2つに分かれます。

既存技術で実現できる場合には大きな問題はありません。一方、新技術の開発が必要な場合には、当然ですが対象の新技術は低い技術成熟度にあります。これは誰でも分かるので皆が注意を払います。

これに対して、1つの新技術を導入したことが、他の専門性や他の部位に波及し、多大な影響を及ぼしてしまうことがあります。波及する範囲が広いと、どこかで見落しが生じ、その瞬間に重大リスクが仕込まれてしまうのです。1つの典型的なパターンです。

1つの専門性に新技術が適用された場合、一般に3つの他領域にその影響が波及します。他領域の第1は、対象の新技術を開発するために不可欠な支援技術や設備への波及です。代表例としては検査技術、試験技術やそのための設備、製造設備などが挙げられます。

第2は、対象の新技術と深く関係する他の専門技術への波及です。設計技術はもちろんですが、要素技術、生産技術、サービス技術にも波及する場合が多々あります。ひと言でいえば、製品を構成するすべての専門技術に波及する可能性があるということです。

第3は、新技術が導入される部位によりますが、仮に部品ならば、隣接する部品に影響が及びます。モジュールならば、隣接するモジュールや製品システム全体にも影響が及びます。

「おおげさではないか?」という反応をする人がいるかもしれません。しかし、製品を構成する全ての要素は、技術的に、あるいは物理的に何らかの形で繋がっています。本来、部分だけに絞って議論すること自体がおかしいのです。ただ、分業の文化が浸透したために、そういう思考回路になってしまっただけなのです。

すべては繋がっていると言っても、それらの関係性には強いものと弱いものがあります。ですから、関係性が強く、影響が大きいものを特定して絞り込めば良いのです。

関係性の強さは、製品を構成する部品と技術、必要な開発環境、および開発から量産へ移行する際の考え方、アフターサービスを提供する際の考え方等を整理すれば、絞り込むことができます。関係性の強い部位と専門性の絞り込みができたら、次はその中で影響度の大きいものを特定すれば良いのです。

影響の大きさは、新技術が導入された結果として、隣接する専門性や部品、モジュールにその影響が波及した時、その影響を既存技術で対処できるか否かによって評価することができます。

既存技術の範囲内で確実に対処できると分かればリスクは低いと評価できます。しかし、ここで間違えるケースが意外と多いのでご注意ください。「これは既存技術の範囲内だ」と安易に判断し、後のステップで実は範囲外だったことが判明し、大問題となったケースをあちこちで見てきたからです。

他方、既存技術の範囲内で対処できないと判明した場合は、何らかの新しい技術を導入しなければなりません。これは新技術の導入に伴い、２次的に別の新技術の開発が必要になってしまったことを意味します。開発すべき新技術の数が増えてしまったのですから、その製品開発のリスクは確実に上昇します。

新しく生じた重大リスクを見逃さず、リスクを下げる活動を組み込み、これを実行するならば、リスクを低減して開発を成功に導くことができます。

しかし、そのリスクを見逃す、あるいはリスクが大きいことを知りつつ過少に評価して何の活動もしないで放置すれば、それは後日、開発トラブルや製品運用トラブルといった形をとって、あなたの所に必ず戻ってくるでしょう。

定量的にどう設定するのか

前述したように、製品成熟度を評価するタイミングは、重大リスクの芽が成長する前に摘み取れるように設定しなければなりません。それを出来るように製品ライフサイクルの各所にゲートを置き、そこで製品成熟度の進捗確認をしなければなりません。

しかし、全ステップについて製品成熟度の設定方法を説明すると、それだけでも相当な分量になってしまいます。そこで本章では、製品ライフサイクルにおける最重要ステップに絞って述べることにします。

そのステップはどこか？　すぐに分かりますね。それは、企画から開発に移行するか否かを判断するステップです。多くの企業がここに審査ゲートを置いているはずです。

航空機のような人命に直結する製品だけに限りませんが、企画から開発段階に進む際には、その後の後戻りを回避できるよう、超えるべき製品成熟度を設定する必要があります。特に安全性は、製品全体を用いた試験実証をしなければならず、後戻りは時間と費用の両面で大きな損失につながります。

第３章、第４章でも述べましたが、これからの時代における成長産業は自動化、無人化の分野であり、それらの製品では安全性の実証が重視され、航空機と同様に後戻りは事業に重大な悪影響を及ぼすことになるでしょう。

従来の『ウォーターフォール型』の開発に対して、最近では『アジャイル型』の開発が採用されるケースが増えています。アジャイル型は、ＰＤＣＡを高速に回せる製品では、開発スピードを大幅に高められるので有用な方法です。

しかし、企画から開発に進むときに満たすべき成熟度は、ウォーターフォール型と変わりません。製品成熟度が低い状態で開発段階に進んだならば、規模の大きなＰＤＣＡを回さなければならず、却って開発スピードが落ちてしまうからです。アジャイルにＰＤＣＡをたくさん回すのは企画時であり、開発に入ったらその回数を最小に抑えるべきです。

故に、ウォーターフォール型であれ、アジャイル型であれ、企画から開発に進む段階の製品成熟度は、その後の後戻りを避けられる内容、基準でなければならないのです。

新技術を組み込んだ場合、製品であれ、生産システムであれ、アフターサービスであれ、開発に移行する最も保守的な基準は、最終的な運用形態に近い形態を使い、実運用に近い環境で試験を通して実証することです。

逆に最もアグレッシブな基準は、新技術を適用した部分だけを取り出して試験実証する方法です。例えば、新技術をある部品に適用したならば、その部品だけに集中的に試練を与えるべく、運用上の最酷条件にて試験を行い、新技術の妥当性を実証するのです。

後者の実証方法の欠点は、新技術を導入した部分の実証はできるものの、隣接する部位やシステム全体に波及する影響を実証できないことです。

例えば、製品システムの運用中に、新技術を導入した部位に損傷が発生したとします。この時、損傷がその部位だけに限定されるのか、あるいは仮に損傷が他の部位に伝播しても、その範囲と影響は小さいと断言できるのかが問われます。その時、既存の技術だけでこれらを確実に予測し断言できるならば問題ありません。

しかし、そのような方法が確立されていないならば、2次損傷によって何が起きるのかをまったく予測できないことを意味します。これは非常にリスキーな状態です。

企画から開発に進むゲートにおける合格基準を保守的に設定するのか、アグレッシブに設定するのかは、運用時に製品が故障や誤動作を起こした際の深刻度によります。

人を傷つける可能性があるなど、深刻度が高いならば、ある部品が故障や誤動作した時に、2次的な損傷を評価できないことは重大リスクだと言わざるを得ません。このようなケースでは、企画から開発に進む時の製品成熟度を保守的に設定するのが無難です。

これを数字で表現してみましょう。仮に、製品企画から開発が終了するまでの階段数が10だとします。製品成熟度はあるステップに到達したら、そこまでは後戻りを防げる指標であり、各ステップ毎に製品成熟度の内容、基準を設定します。

企画から開発段階に進む判断を行うゲートは、全10ステップの工程で考えると、通常、ステップ4から6の間にきます。アグレッシブな合格基準を選ぶならばステップ4で開発に進む判断を行い、保守的な合格基準を採用するならばステップ6まで判断を待ちます。

保守的な合格基準を設定すれば開発の成功率は確実に向上します。製品成熟度の内容を正しく設定すれば、開発の成功率は9割5分以上にすることが出来るのです。

ステップ4で開発に進む場合であっても、製品成熟度を正しく設定し、それを達成しているならば、概ね8割に近い開発成功率を期待できます。

しかし、もし審査が甘く、実はまだステップ3であるのにステップ4に達したと誤って判断して進めた場合には、たとえエース級の人材を充てても開発成功率は３割以下まで一気に下がります。

よって、ゲート通過ラインを下限であるステップ４で成熟度に設定した場合には、社内審査の品質がクリティカルになります。逆にいえば、合格ラインをステップ６に設定したならば、社内の審査能力が一般レベルでも問題は生じないということです。

平均的なチーム、一般的な社内審査力で開発成功率を高めたいと考える企業は、開発にＧＯをかけるゲートでの合格基準を保守的に設定することをお勧めしています。

一方、顧客が急いでいる場合、あるいは企業の開発スピードを高めたいと強く願望する場合には、開発に進むステップを前倒ししつつ、同時に高い審査能力を備える体制を構築、維持する仕組みを導入することを勧めています。

ここからは、製品ライフサイクルの各ステップで満たすべき製品成熟度の具体的内容をどのように設定していくかという、ＨＯＷの話に移ります。

誰もが思いつくのは、多数の製品開発を経験した現役のプロマネとチーフエンジニア、あるいは元プロマネ、元チーフエンジニアの体験を言語化する方法だと思います。これは正攻法と言えましょう。

その際、開発に成功した人だけでなく、失敗した人の話も非常に役に立ちます。実の所、成功は運の良さによってもたらされる場合がありますが、失敗は必然だからです。失敗は組織に潜む固有の弱点に起因して発生するケースが多いので、これに気付いて手を打つと大きな改善を得られるのです。

ただし、経験者の体験を言語化するプロセスはそれほど簡単ではありません。なぜなら、それは暗黙知を引き出すことに他ならないからです。暗黙知は、それを知っている本人にとっては当たり前のことなので、話す内容に抜け漏れが多く生じやすいのです。

つまり、暗黙知を漏れなく絞り出すには、経験者が必ずしも重要だとは思っていない事を含めた、特別な質問表を事前に用意しなければならないのです。

この話をすると、「何が重要か分からないから経験者の話を聞こうとしているのに、そのような質問表を事前に準備できるわけがない」と反論を受けます。まったくその通りです。ここには『鶏と卵』の関係があるのです。

経験者の暗黙知、ノウハウを十分に引き出すためには、それらを引き出すための、抜け漏れのない質問表を事前に準備することが不可欠であり、ここは難所です。

難所ではあるのですが、仮に不完全であっても自力でこの質問表をつくり、経験者たちの知見、ノウハウを吸い上げ、それを実際の製品企画、開発に適用するＰＤＣＡを行って改良していくのが最も確実な方法です。

ただ、この方法には欠点があります。質問表の完成度を高めるためのＰＤＣＡに非常に長い時間が掛かるからです。時間が掛かる活動は強い意志がないと尻すぼみします。

もし、短期間に完成度の高い質問表を作りたいならばご相談ください。

経験者の知見、ノウハウを漏れなく引き出すための質問表を作る方法があります。この方法は様々な製品の開発において有効性が実証された方法です。質問に答えていくと次のページ（技術成熟度の例）に示す形で合格基準を作ることができます。

製品成熟度を正しく設定、評価する仕組みが社内に定着すると、それらは人材育成にも寄与します。審査する人材育成は当然として、審査される側の人材育成も進みます。製品成熟度を正しく理解、評価できるようになるからです。これは開発の成功を加速します。

なぜなら、自社の製品や技術だけでなく、顧客、パートナー、サプライチェーンが提供しようとする製品とその裏にある『技術』、『生産』、『サービス』の成熟度をも正しく評価しようと試み、最終的にそれをできるようになるからです。

顧客、自社、サプライチェーンから構成されるチーム全体の実力を正しく認識できれば、製品ビジネスの成功率を飛躍的に高められるのは当然の帰結と言えましょう。

技術成熟度　合格基準イメージ

技術成熟度	合格基準
TML1	
TML2	
TML3	
TML4	
TML5	
TML6	
TML7	
TML8	
TML9	
TML10	
TML11	
TML12	

- 製品（システム、モジュール、部品、素材）について設定する
- 設計・要素技術、生産技術、サービス技術と、それらの間の相互作用について、後戻りを避けられるように、製品ライフサイクルの各段階で達成すべき内容を10～30項目に整理する
- 自社の担当分だけでなく、共同研究・共同開発のパートナー、サプライチェーンも含めて記載

ビジネス成熟度、生産成熟度、サービス成熟度についても同様の形で整理

『技術』の話をしてきましたが、ここから『生産』の話に移ります。「どのレベルの成熟度まで向上すれば合格なのか」という話は、技術から生産に視点を変えて水平展開できるので、話を戻して「何について成熟度を設定、評価、審査するのか」を述べます。

製品に関する生産技術は前述の『技術』の部分に含まれているので扱いません。ここでの主役は生産システムとサプライチェーンです。

生産システムは、工場という生産インフラ、生産管理システム、対象とする製品の製造ライン、製造設備および製品を生産する現場人材あるいはそれを代替するロボットやＡＩ等から構成されます。

これらはすべて重要な要素ですが、成熟度の評価を誤った場合に特に大きな影響が出るのは製造設備です。現場人材を代替するという意味でロボットやＡＩの選定も重要ですが、これらは一種の製造設備とも言えるので、そこに含めて考えることにします。

『製造設備』は自社で開発する場合もありますが、他社製品を購入して使う場合もあると思います。自社開発する場合は前述の『技術』で述べたプロセスで進めます。自社開発ならば製品成熟度が良く見えるので、その点はやりやすいと言えます。

他方、他社製品を購入する場合には自社は顧客の立場になります。顧客要求を設定する立場になるわけです。生産システム開発は製品開発と酷似しています。異なる点は、自社が開発された製品のユーザーである点です。

製品開発には３つの型があることを第２章で述べました。生産システムの開発も同様に分類することが出来ます。量産品として売られている製造設備を組み合わせてシステムを構築するタイプＡ、独自要求を満たすために新たに製造設備を開発し、それらの製造設備を中心としてシステムを構築するタイプＣ、および両者の中間にあるタイプＢです。

その長短所は製品開発の場合と同じです。

タイプＡは量産品の製造設備を組み合わせてシステムを構築するので、設備の信頼性は高く、設計通りに機能し、運用トラブルに遭遇するリスクも低いと言えます。その一方で真似をされやすいという欠点があります。

「設備ではなく生産ラインとして差を付ける」あるいは、「運用のノウハウで差を付けるのだ」と主張する人がいるかもしれません。とは言え、同じ設備を使っている以上、深く考えれば、世界の他の場所でも同じ答えに辿りつく企業がいるはずです。つまり、タイプＡでは生産システム上で差別化するのはかなり難しいということです。

タイプＡとは真逆にあるタイプＣでは、独自要求を満たす新しい設備を開発するので、開発に成功すれば高い競争力を得ることができます。他方、設備開発の途中でトラブルに遭遇し、開発が遅れる、あるいはとん挫するリスクがあります。

タイプCで成功するには、設備開発のリスクマネジメント力、つまり、開発の成熟度を正しく設定し評価する力が必須ということです。

タイプBはAとCの中間であり、例えば、製造設備は他社から購入するが、量産ライン、自動化、生産管理のためのソフトウェアは自社で開発する場合などが挙げられます。

設備開発を自社だけで行うのは難しく、他社との共同開発になるか開発を委託する場合が多いでしょう。この場面では、設備メーカにおける『技術』、『生産』および『サービス』の成熟度を正しく評価するスキルがその成否を決めます。

製品設備のパートナーであれ、部品や素材のサプライヤであれ、取引先の今の成熟度を正しく評価するスキルを持つことが、『生産』を成功させるために極めて重要であることをご理解いただけたのではないかと思います。

ここからは『サービス』の話に移ります。『サービス』の多くはアフターサービスですが、その内容は大きく2つに分かれます。『整備サービス』と『顧客支援サービス』です。以降、単に『整備』、『顧客支援』と短縮して使用します。

どんな製品であっても、運用していれば部品が摩耗、経年劣化、あるいは故障を起こすことは避けられません。安い家電であれば、故障したら廃棄して新しい製品に買い換えるのかもしれませんが、高額の製品では整備をしながら運用しないと元が取れません。よって高額の製品では整備は必要不可欠のサービスとなります。ただし、製品ユーザーの視点で言えば、整備の期間中は製品を運用できないため稼ぐことができません。当然、整備期間を短縮することを強く求めたくなります。

ですから、整備の品質や整備後の運用安全性を確保しつつ、どうやって整備期間を短縮するかがサービス事業者の課題であり、ラインや設備の自動化を進めたくなります。この部分については前述の『生産』と類似した内容なので詳細は割愛します。

もう一方の『顧客支援』は同じサービスであっても、製品そのものを扱う『整備』とは大きく異なり、いわゆる情報サービスの色が濃い内容です。以降はこの話に絞ります。

『顧客支援』と聞くと、「それは、最終製品メーカ（別の言い方は製品システムメーカ）が最終ユーザーに対して行うサービスではないのか」と考える人もいるかもしれません。しかし時代は変わりつつあります。これからはモジュールメーカや部品メーカであっても『顧客支援』を通して最終ユーザーに価値を提供できる時代になりつつあります。

詳しくは第6章で述べますが、最終ユーザーの価値をどう高めるのかだけ、少し具体的に述べましょう。

従来は、運用後の部品やモジュール状態を知る機会は整備を実施した時に限られていました。安全性を担保するには、設計時の寿命と整備時の状況を総合した上で、かなり安全側の評価を行うしか道はありませんでした。

最終ユーザーが製品を運用する頻度は業種により異なりますが、大抵は繁忙期と閑散期の2つに分かれるものです。ユーザーにとって最も困ることは、繁忙期に製品が故障する、あるいは製品の整備時期が来てしまって使用できないという事態です。

この事態を避けるため、ユーザーは閑散期に整備を行って繁忙期に備えるという考え方を採用する傾向がありますが、運用の安全性を重視するユーザーであるほど、まだ十分に使える部品やモジュールをあえて交換する判断を行います。

製品の運用にクリティカルな影響を及ぼす部品やモジュールは一般に高価です。それはユーザーの経費を増大させ、利益を減らします。もし、IoTモニタリングにより正確なデータを入手・評価した所、次の繁忙期は問題なく運用でき、その後の閑散期に整備しても問題ないとアドバイスできれば製品ユーザーは喜ぶでしょう。

整備の売上げ時期は少し遅れることになりますが、貴社のアドバイスによりユーザーの利益が増えて経営が安定すれば、ユーザーは貴社を信頼し、貴社製品を使い続けてくれるでしょう。そのような優良顧客を増やすことは貴社の業績向上にも寄与するはずです。

製品成熟度の評価イメージ（製品がモジュールの場合）

製品名	ビジネス成熟度	技術成熟度	生産成熟度	サービス成熟度	製品成熟度
全体	5	3	3	4	3
部品 A	6	3	3	4	3
素材 A1	6	6	6	6	6
素材 A2	6	4	4	4	4
部品 B	5	4	4	6	4
素材 B1	5	4	6	6	6
素材 B2	6	6	6	6	6
部品 A/B 間 Interface	6	5	6	5	5

※製品企画、開発時のある時点での評価

部品 A の技術成熟度　評価イメージ

部品 A	技術成熟度
部品全体	3
部品設計 専門１（要素技術１）	6
部品設計 専門2（要素技術2）	6
部品設計 専門1・2間トレードオフ	4
部品生産技術 専門1	6
部品生産技術 専門2	6
部品生産技術 専門1・2間トレードオフ	5
部品サービス技術 専門１	5
部品サービス技術 専門2	6
部品サービス技術 専門1・2間トレードオフ	4
設計・生産間トレードオフ（サプライチェーンも含む）	3
設計・サービス間トレードオフ（サプライチェーンも含む）	4
生産・サービス間トレードオフ（サプライチェーンも含む）	5

これからの時代、製品のアフターサービスの主役はＩｏＴ系の情報処理システムです。機能するシステムを実現するには、顧客を知り、自社製品を知り、さらに情報処理の製品を知った上で、これらを正しく統合しなければなりません。

自社の状況はもちろんですが、サービスを適用するシステムを構成する各製品の成熟度、製品を裏付ける技術、生産、サービスの成熟度を正しく見極める必要があるのです。

以上、成功と失敗の境目を設定していくと、その境目に到達していない項目がいくつも見えてくるはずです。これは、潜在的な重大リスクの種を特定できたことを意味し、製品開発を成功させる上で大きな前進です。

この時点で得られるイメージを前ページに示しています。仮に製品成熟度の合格ラインを6とすれば、未達の場所はひと目で見つけられるでしょう。当社開催のセミナーでは、部品以外のシステムやモジュールの場合を含め、より詳しい説明しています。

しかし、問題を特定しただけでは意味がありません。その問題を解決しない限り、顧客が求める価値を提供できないからです。何とかしてこの問題を乗り越えなければなりません。次はその話に移ります。

成功と失敗の境目をどう超えて成功に到達するか

製品成熟度が境目に到達していない案件を見つけた時に最初に行う事は、現状から境目に到達するまでの距離を明らかにすることです。あと1つ階段を上がるだけで境目に到達できるのか、それとも2つ以上の階段を登る必要があるのか、定量化するのです。その時に重要なことは、成功と失敗の境目までの距離を、幹部から平社員までの誰もが直視できるようにすることです。これは、誤魔化しを防ぐ意味で非常に有効です。

しばしば、「目標の成熟度にはまだ距離があるが、過去の経験からこれくらいは行ける。だから、開発に進んでも問題ない」という主張を耳にすることがあります。距離を定量化した上で経験として話をしている場合は一考に値するのですが、感覚だけで話をしているケースを多々見かけます。

あなたが責任者として開発を成功させたいならば、この感覚による評価をすぐに止めることをお勧めします。当事者の感覚ほど当てにならないものはないからです。その理由は次節で詳しく述べます。今は、境目までの距離を定量化することの重要性に焦点を当てて話を進めます。

企画段階の初期であれば、境目に到達する距離が成熟度として2ステップ以上あっても乗り越えることは可能です。また、その方法も4つあり、選択することが可能です。

しかし、企画から開発段階に移行するゲートまで来てしまった、あるいは既に開発段階に進んでしまった場合には、境目までの距離が最大でも1ステップでないと成功するのは難しく、また、乗り越える方法も、以降に述べる4番目だけに限定されてしまいます。

成功率を飛躍的に高めたいならば、早期に製品成熟度を高める計画で進めるか、あるいは、あと少しで製品成熟度が境目に到達する案件だけを組み合わせて製品を企画するか、どちらかを選ばなければなりません。

どちらにしても、成功と失敗の境目を乗り越える仕事が残っており、これを行うための4つの方法を以下に1つずつ述べていきます。

第1の方法は、社内の少数の部門において成熟度が目標（成功と失敗の境目）に達していない場合への対処です。

顧客要求を製品仕様に落とし込むフローダウンを最初に行った時には、ほぼ必ず、少数の専門性に難易度が偏り、放置すると重大リスクに発展する場合があることは既に述べました。

ですから、最初にやるべきことはフローダウン段階で各専門性に割り付けられた仕様の難易度を可視化し、成功と失敗の境目までの距離を成熟度の形で定量化します。すると、各専門性で成熟度の凹凸があることに気付くでしょう。

その時、極端に成熟度が低い専門性があれば、そこが開発上のボトルネックとなる確率が高いということです。これを放置して本当のボトルネックにしてしまうと、当然ですが製品開発の日程が遅れることになります。故に、早い段階でこのボトルネックを取り除くのが賢明です。

それは、ボトルネックとなる専門性の難易度を下げるように仕様を変更することにより行います。ただ、対象の専門性の仕様を変更すれば、それは必ず、隣接する他部門の仕様にも波及します。よって、隣接する他部門の仕様も同時に変更しなければなりません。

このプロセスは難易度を平滑化する調整作業と言えます。これをスムーズに行うには、専門性と専門性の間のトレードオフ関係を事前に定量的に目に見える形にしておくことが非常に有効なので、これを準備することをお願いしています。

タコツボ化が進んだ企業では、このトレードオフ関係が不明確なため、仕様変更の調整が進みません。そのため、成熟度が低い専門性がいくつか残っているにも関わらず、開発に進んでしまい、サプライズやトラブルの発生に悩まされることになるのです。

専門性間のトレードオフ関係を定量化するには組織の脱タコツボ化が必要であり、それを効率良く行う方法は第3章で述べた通りです。そこで述べた方法で訓練することにより、トレードオフ関係を見える化するスキルを獲得できます。

このように社内の専門性の間で仕様調整を行うことによって、難易度の偏りを減らし、重大リスクの種を取り除くことができるのです。ただ、このプロセスを実施しても難易度の偏りを調整できず、技術の成熟度が上がらない場合もあります。

これは、その企業に、製品開発に必要な技術が根本的に欠けていることを意味します。十分な時間的余裕があれば、自社の研究活動により成熟度を高めていけば良いのですが、時間が無い場合もあります。その時は社外にその技術を求めざるを得ません。そこで次の方法が必要となります。

第2の方法は、社内と社外の相手を含めたチームとして成功と失敗の境目を乗り越えるための対処です。『技術』にも有効ですが、『生産』と『サービス』において、より有効性を発揮するケースが多い方法です。

自社に欠けた能力を他社から得る方法としては、特許やノウハウのライセンスを受ける場合もありますが、メインは共同研究や共同開発です。

他社と共同で開発を行う際、最も重要なことは相手の実力を見極めることです。社内のように細かい所まで確認できませんが、社内で成功と失敗の境目を設定していれば、それを参照して相手を評価できます。その結果、間違った相手を選ぶ確率を低く抑えることができるのです。

今日は変化の早い時代に突入しており、時間とスピードが重要です。自社で育成が間に合わなかったスキルが社外にあるならば、それを取り込むことは合理的と言えましょう。とは言え、社内のように百発百中で適切な相手を選ぶことはできません。

そこで、以下に述べる方法が重要になります。

選択した他社が、対象分野について既に境目を超える製品成熟度に到達していることが明らかな場合は問題ありません。しかし、それは希であり、まだ成功と失敗を分ける境目に到達していないケースが多いと思います。

それ自体は驚く話ではないのですが、問題は境目までの距離です。共同の活動を始めた途端、相手の実力が当初想定していたよりも大幅に低かったことが分かる場合があります。例えば、境目までの距離が1ステップではなく2ステップだった場合などです。

その時に取るべき道は2つあります。まずは1つ目の道を選び、どうにもならない時に2つ目の道を選ぶことをお勧めしています。

1つ目の道は、相手の難易度を下げるために、両者の境界において設定した仕様の変更を行うことです。これは自社と相手を含めたチーム全体として、目標の成熟度を達成できるように難易度を平滑化する活動を行うということです。

『ビジネス』や『技術』の領域ではこの方法は一定の頻度で行われています。しかし、『生産』と『サービス』の領域ではあまり採用されていません。

その理由として、「社外の相手と密に調整すると自社のノウハウが流出する」、あるいは「値踏みされる」という声を聞くことが多いのですが、実は、トレードオフ関係を見えるようにするスキルがないことの言い訳に使われている場合も多いのです。

機能と品質に限定してトレードオフ関係を定量化すると、双方の実力は互いの知る所となりますが、ノウハウが漏れることはありません。そして、この関係性を用いて仕様調整をすれば、両者の間において難易度を平滑化でき、チーム全体として成功と失敗の境目を乗り越えられるようになるのです。

例えば、サプライヤが低い歩留まりで苦しんでいる場合には購入価格も高いはずです。仕様調整によって歩留まりが上がれば、交渉は必要ですが価格を下げられるはずです。

もう1つの道は、相手の成熟度が予想していたよりも低いことが分かった時点において、共同活動を止める選択です。間違えてしまうこともあるので、その時にスムーズに止められるような契約にしておく必要があります。ただし、余程の見込み違いがあった時を除き、多用することはお勧めしません。

次は第3の方法です。

ここまで成功と失敗の境目を乗り越える方法を2つ述べましたが、これらを実施しても、まだ、成熟度を境目まで上げられない専門性が残ってしまう場合があります。以下はこのような場合への対処です。

この方法は営業部門と連携して使う方法であり、主たる対応は、顧客が自社に設定した要求仕様の変更調整です。この調整をする前に絶対に実施しておかなければならないことがあります。

それは、自社への要求を変更した時に『顧客』だけでなく、『顧客の顧客』がどのような影響を受けるのか、これらを適切に評価し、決して彼らが損と感じるような提案をしてはいけないということです。

当たり前の話ですが、自社に設定された要求の変更により、『顧客』と『顧客の顧客』の一方であってもその価値が損なわれるならば調整は実現しません。適切な提案をするためには、その準備として、自社と顧客、顧客とその顧客を含めた価値連鎖を理解する必要があります。

この**『価値連鎖』の理解が極めて重要です。**営業と同じ視点で進めることから、彼らと連携して活動すると成功率をより高めることができます。当社のコンサルティングでは、『自社』、『顧客』さらに『顧客の顧客』の間にある価値連鎖の関係性を可視化するツールを提供し、その見える化を支援しています。

第4の方法は最も安易な方法ですが、企画段階でも開発に入ってからでも使える便利な方法です。

具体的には、顧客要求をフローダウンして製品仕様を設定する段階において、プロジェクトが各専門性に割り付ける目標をあえて少しだけ高めに設定しておくのです。

この方法が有効なのは、突出して高い難易度を割り付けられた専門性がない場合です。その場合には、目標を少しだけ高めに設定し、マージンを確保しておくのです。

企画から開発に移行するゲートにおいて、境目の成熟度に達しない専門性が1つ、2つ出てくる事態はしばしば起こります。こういう時、このマージンを使って隣接する別部門の仕様も含めて変更調整し、対象部門の難易度を下げるのです。

以上、製品開発の成功と失敗を分ける境目を設定し、境目を乗り越えて成功に到達する方法について述べました。

開発を成功するには、自社だけでなく社外パートナーについても製品成熟度を評価し、難易度を調整することの重要性をご理解いただけたと思います。

成功と失敗の境目を超えたか否かの評価については一点だけ注意があります。明らかに境目を超えている時は良いのですが、合格ラインぎりぎりや合格ラインを超えていない時の評価には慎重さが求められます。これらが短期間に解決できる問題なのか、あるいは実は奥深い難しい問題を抱えているかの判断を誤るケースがあるからです。

このような場面では、審査能力が高く、審査を専門に行い、審査の結果に対して責任を取れる社内審査の体制や仕組みが重要となります。

今日では、コンプライアンス遵守が求められ、海外からも外部審査が入る時代になってきました。そのような状況にも耐えられる仕組みと審査能力を整えておく必要があります。次はこの話に移ります。

最後の砦「社内審査の質」、これを飛躍的に高める方法

社内審査というプロセスが内在する大きなリスク

自分で自分を審査するということの意味を少し考えていただきたいと思います。なぜ、このような問いをするのかと言えば、人の心の中には公正、公平でありたいという気持ちと自己利益を追求したいという利己的な気持ちが同居しているからです。

これは全ての人に当てはまる話です。本書では、前述した公正、公平でありたい気持ちに相当する言葉として『警察』、自己利益や保身を追求する気持ちを『泥棒』と表現します。『泥棒』という表現は良い印象を与えるものではありません。しかし、人がありのままの現実を認識するには心地よい表現よりも、印象的な表現の方が効果的だと考えるため、あえてこの言葉を使うことにしました。その点はご了承ください。

以下、この考え方を製品開発に適用してみましょう。

主体が小企業の場合には、一般に経営と執行は分離されていません。執行の内容を機能で展開すると、例えば、財務、法務、知財、営業、開発、技術、生産、サービス等になります。

仮に1人で全てを行う場合には、何をしたとしても最後は自己責任となるため、前述の『泥棒』と『警察』をわざわざ分離する必要はありません。

これに対して企業規模が大きくなると、執行の部分だけでも多数の機能組織に分割され、分業体制を取ります。分業のメリットはそれに専業するために専門性を高められる事です。一方のデメリットは分業された機能毎に善悪の方向性が変わることです。

もちろん、皆、国で定めた法律や昔から存在している道徳に従います。

とは言っても、例えば営業は『売る』ことが役割なので売れれば善であり、売れないことは悪と考えます。売る製品の品質が良いことは必須条件だと認識していますが、詳細は専門外であるため、仮に売った製品の品質が悪かったとしても、心の底から自分の責任だとは感じません。

製品開発では新しい製品を開発することが役割です。顧客価値が高く、事業性にも優れ、企業を成長に導く製品開発を行うことが善であり、これに失敗することは悪だと考えます。開発が順調に進んでいる時は問題ありません。しかし、障害や困難等の苦しい状況に遭遇した時に問題が起こります。すべての人の心の中にある『泥棒』が顔を出し、少数であってもインチキをする人が出てくるからです。

最終的にインチキに手を染める決断をした人達であっても、最初からインチキをしようとは思っていないでしょう。「いくら頑張っても目標を達成できない。しかし、それを口に出して言えない。どうにもならない」という所まで追い込まれて手を染めてしまうのです。

その際は、「インチキは悪い事だが、開発を成功させる善と比べれば小さい事だ。両方を足し算すれば善になるのだからこれは組織としては良いことなのだ」と自己正当化してしまうのです。

このインチキを犯す心理は、すべての人の心の中に少なくとも一瞬は生じるはずです。ただ、生じたとしても、倫理感によってこの選択肢を消し去る人とそうならない人の両方が世の中に存在するのです。それが否定できない現実なのです。

では、このインチキを防ぐにはどうすれば良いでしょうか？　企業が高い目標を設定するのは当然であり、それ自体は問題ではありません。しかし、インチキしてその目標を達成しようとする動きを社内審査で見破れないならば、それは大問題と言わざるを得ません。

もちろん、背伸びをしても達成できない目標設定は適切とは言えないし、達成できそうもない現実を上司に報告できない風土などはコンプライアンス上の改善が必要です。

とは言え、社内審査におけるインチキや誤魔化し、あるいは純粋な成熟度未達を見破ることが出来ないならば、経営者がいくらコンプライアンス遵守を公言してもあまり効果はないでしょう。品質や安全性を守る『最後の砦』が機能していないのですから。
人の心中には『警察』だけでなく『泥棒』も同居しているので、たとえ一時的に風土が改善されたとしても、『最後の砦』が機能しなければ元に戻るのは時間の問題です。

ですから、規模の大きな企業、具体的には世にいう『中堅企業』や『大企業』においては『最後の砦』になりうる社内審査の仕組みを構築することがどうしても必要なのです。

お分かりいただけたでしょうか？ 次は、その具体的な方法に話を進めます。

審査の質を確実に高める方法

前項の議論から、製品開発を進める場合に社内審査の質の高める鍵は、『警察』としての役割を担う審査を専門に行う組織が必要だと述べました。ここでは、その審査体が行う審査の範囲と、審査体を構成する人材について述べたいと思います。

これまで、製品開発を審査において合格、不合格を決める基準として『製品成熟度』の概念を話してきました。製品成熟度を構成する4つの項目として、『ビジネス』、『技術』、『生産』、『サービス』を挙げてきました。

『技術』、『生産』および『サービス』の成熟度は先に審査を実施します。これら3つの審査には高度な専門性が必要であり、経営者では十分に審査できないためです。

その上でビジネス成熟度と製品成熟度の審査は一緒に行います。技術、生産、サービスの成熟度は前述した表の形に整理されています。審査委員長は事業部長が行います。製品成熟度を把握した上で、企画から開発に移行する、あるいは開発の次のステップに進むか否かの判断を下すのです。

事業部長は執行側という『泥棒』の側であるにも関わらず、『製品全体』と『ビジネス』の審査委員長という『警察』を兼ねることができます。それは、製品事業の経営者として、最終責任を取ることができるからです。

製品事業の規模が大きく、開発の成否が企業全体の経営に大きな影響を及ぼす場合には少し複雑になります。事業部長の上司である経営者が口を出してくるからです。

その経営者が審査委員長になれば話はシンプルですが、審査委員長は事業部長のまま、間接的な影響を及ぼす方が多いでしょう。とは言え、経営サイドの誰かが最終責任を取る形は保たれるので、『泥棒』と『警察』を兼ねることが許されるのです。

さて、『技術』、『生産』、『サービス』という専門分野における審査の話に戻します。

この審査体では、各専門分野において、企画から開発に進む、あるいは開発の次の段階に進めるか否かを判断する重責を担うわけですが、当然、権限と責任の両方を伴います。仮に、開発部門が前に進もうとしても、審査結果が悪ければ、審査委員長は『不合格』の判断を行って待ったをかけます。審査不合格は深刻に受け止められるので、製品開発は少なくとも一時的に立ち止まらざるを得なくなります。

審査委員長は権限を持つのと引き換えに、審査の結果に対して大きな責任を負います。例えば、ユーザーが製品を運用している時に何らかの人身事故が発生したとします。事故の原因を調査した結果、ある部品の設計審査における誤った判断が事故に繋がったという結論になったとします。

人身事故は刑事訴訟の対象であり、刑事罰は特定の誰かが対象となります。この場合で言えば、それは対象部品の設計審査委員長であり、その人が刑事訴訟で責任を追及されるということです。

企業全体の視点で言えば、これは、責任の所在を明確にしているとも言えます。今日、技術が高度化、細分化したため、経営者が何でも責任を負うという考え方には無理があります。

経営者は『ビジネス』の責任は負い、『技術』、『生産』、『サービス』の責任はその分野の専門家が負う形にした方が合理的であり、本書はこの仕組みを推奨しています。

審査の仕組みを適切に構築した場合には前述の話となりますが、審査の仕組みが整っておらず、その結果として責任の所在が曖昧な場合には、その状態を許容した経営者が責任を負うことになるでしょう。

では、先程の例の変形版を考えてみます。製品設計の審査では、審査委員長は不合格の判定をしたとします。しかし、『ビジネス』の審査では、その審査委員長である事業部長が不合格を認識した上で、製品改良を行いつつ、開発を前に進める判断をしたとします。

これは良くあるケースだと思いますが、この判断をした瞬間に、審査の責任が製品設計の審査委員長からビジネスの審査委員長に移行したことになります。その後、仮に開発が立ち往生して中止となる、あるいは不合格品が市場に出て人身事故を引き起こしたとしたら、それはビジネスの審査委員長の責任になるということです。

企業によっては責任を曖昧にする傾向がありますが、今日のグルーバル時代においては責任を明確にすることが、モラルハザードを抑え、企業を守るための最も合理的な方法だと考えます。

さて、開発の責任者をしていると、顧客や上層部からプレッシャーが来るだけでなく、開発チーム内部からも不満が出てきます。苦しい場面に遭遇した時にはどんな人であっても心理的にぐらつくものです。こういう時、誤った判断を犯さないようにするには、事前に判断基準を用意し、これを参照するのが有効です。次はその話に移ります。

リーダーが開発で間違いを犯さないための判断基準

両立が難しい問題において優先順位を決めなければならない時

組織間の連携を深めるテーマとして安全性を選ぶのが最良であり、コストダウンなどの他の顧客価値をテーマに選ぶのは良くないという話を前に述べました。ここではその理由について、より深い所を述べたいと思います。

もし、安全性ではなくコストダウンを連携テーマとして設定すると、その後がどうなるかを想像してみてください。組織を構成するのは個人ですが、個人の集合体である組織になると集団心理というものが発生します。

集団としての方向性が決まる前の時点では個人の考えは様々です。多様性に富んでいると言えば聞こえは良いですが、悪い言い方をするとバラバラなのです。

しかし、一旦、集団としての方向性が決定されると、仮に個人としてその決定に納得をしていなかったとしても、それに従うことを求められます。更に、いちど決定がなされてしまうと、その方向性を変えることは非常に困難になります。

変えられない理由は2つあります。

第1の理由は、そもそも組織がその威力を発揮するためにはベクトルを同じ方向に合わせることが必要条件だからです。仮に決定に従わない人達が多数でてくるような組織は、組織として機能せず、組織である意味がありません。

第2の理由は、組織として決定したことが朝令暮改されるならば、メンバーの心の中に「どうせ近いうちにまた方針が変わるだろう。決定事項を真面目に受け取る必要はない」という考えが生じ、面従腹背の組織になり、やはり機能しなくなってしまうからです。

これら2つの理由から、組織では何かをいちど決めて動き出すと、決定自体が慣性力を持ち、誰もその動きを止められなくなるのです。故に、もし、安全性の前にコストダウンに進路を合わせて動き出してしまうと、コストを最優先し、その他は優先度が低いとして暗黙のうちに退けられてしまうのです。

こうなると製品を市場に出した後になって安全上の問題が出てきたとしても、既存方針を変えることなく、できる範囲の対処で済ませようと考えてしまいがちです。そうなってしまったら、その後の展開は容易に想像できます。

大抵の場合、行く所まで行って問題が深刻化し、企業の存続が危うくなるまで、進路は変更されないのです。ですから、組織が進むべき進路は最初が肝心であり、組織内の連携を強化するテーマとしては安全性を選ぶべきなのです。

安全性を最優先にして取り組めば企業としての道を外すことはありません。道を外さずに組織間の連携スキルを高めていけば、テーマがコストダウンや他の顧客価値に変わったとしても、最善のソリューションを見つけ出せるようになるのです。重要なので繰り返します。

社内連携を強化するテーマとして『安全性』を選ぶことは、企業が道を外さずに進むための必要条件だということです。

この優先順位を間違えると、仮に短期的には繁栄できても、長期的に繁栄し続けることは決して出来ないと言ってよいでしょう。

純粋な個人としてならば、ほとんどの人は「それは当たり前のことだ」と言うでしょう。しかし、集団の中において周囲と異なる意見を主張できる人は少数です。だから、組織が変な方向に進む前にそれを止められる仕組みが必要なのです。

この企業を成功に導く仕組みを構築する際に認識しておくべき大前提が1つあります。

それは、『人は誰でも苦しい状況に追い込まれると、自分として先が読める方向に流される』ということです。

『自分として先が読める方向』という表現を用いましたが、別の表現をすると、それは『自分として楽な方向』ということです。これは人として自然な反応なので責めることはできません。しかし、それに甘んじてもいけません。

楽な方向を許す組織文化がいちど出来あがると、苦しい思いをして顧客価値の高い製品を世に送り出そうという気持ちが萎んでいくからです。よって、この種の問題が現れたら、小さな芽のうちに摘み取らなければなりません。

では、そのシグナルはどのようなものでしょうか？　次はその話に進みたいと思います。

時間が足りないというクレームが出てきた時

人は苦しくなると、しばしば、『その進め方は現実的ではない』という文言を口にします。この文言には二面性があります。文面どおり、行おうとしていることが非現実的な場合も確かにあるのですが、楽な方向に進むための隠れ蓑として使われる場合が多いのです。

どういう場面で出てくるかと言えば、例えばプロジェクト・マネジャが設定した目標が高い場合などにチームのメンバーから出てきます。経営者が高い目標を設定した時にも、事業部長やプロジェクト・マネジャから同様の反応が出てきます。

これは組織内で頻繁に起こります。ですから、この言葉が出てきた時に大事なことは、本当に現実的でないのか、本当に解決する方法がないのかを徹底して深堀することです。この反応の中で最も高頻度で出てくるのが『時間が足りない』というクレームです。

このクレームは、苦しさから一時的に逃れるために使われる場合が多く、再発しやすいので注意が必要です。もちろん、今後の計画が具体的に示され、その内容が妥当であり、先延ばしすることで状況の改善を明らかに見込める場合は別です。そのような場合には、先延ばしの主張は一考に値します。ただ、現実にはこれは少数派です。

「○○は現実的ではない」という主張が表に出てきた時、組織内には感情的なあつれきが生じているはずです。感情に流されて議論をせずに済ませるのも可能ですが、それは、『顧客よりも社内の感情を優先する』ということを意味します。

企業にとって社員は大事な存在ですが、顧客があってこそ存続できるので、本末転倒になってはいけません。あつれきが生じた時にこそ、冷静かつロジカルな議論をできる社内風土を整えておく必要があるのです。

開発段階に入ってから『時間が足りない』という問題が発生してしまうと、対処できる手段は限られ、決して最善の策は打てません。ひどい場合には、顧客が納得するレベルの対策にすらならない場合もあります。それは顧客よりも自社を優先した敗戦処理になってしまったということです。

そうなってしまったら負けなのです。ですから、開発段階に入る前、つまり企画段階において、問題の種を摘み取る風土を構築しなければなりません。これを難しいと考える人が多いのですが、本章の内容を実践すれば実現できます。

企画段階で『時間が足りない』というクレームが出てきた時は、そのほとんどが自部門あるいは自チームの目標設定が高すぎるというクレームです。

目標設定が高すぎるか否かの問題ならば、本章第1節に述べた方法で難易度を明らかにでき、本当に高すぎるのであれば必要な活動を行い、すべてのチームが実現できる目標に調整することができます。

本章で述べた方法を社内の仕組みに組み込めば、企画段階で問題の種を摘み取れるようになり、『絶対に失敗できない製品開発』を成功に導けるようになるのです。

ここまでは、製品開発の成功率を飛躍的に高めるための、土台や基礎に相当する部分でした。基礎が固まればその後は様々な応用動作を行うことが可能となります。次章では、さらなる飛躍をするためのヒントを述べたいと思います。

第6章

製品の安全性と顧客価値を両立して世界に飛躍する

アフターサービスでも稼ぐ体質に変わるための製品企画・開発戦略

アフターサービスは顧客を知る絶好の機会

製造業や技術系の企業で仕事をしている人の多くは、第4章で述べたように分業体制の一部に組込まれています。分業は専門性を高めるという意味で有効ですが、この『専門性』という言葉は要注意です。

『専門性』という言葉を広義に定義するか、あるいは狭義に定義するかによって、対象の事業分野が成長もすれば衰退もするからです。

狭義の定義はタコツボ化を意味します。一方、広義の定義は脱タコツボ化です。狭義の専門性を保ちつつ、隣接する他の専門性の存在を認めて興味を持ち、自身の専門性との間に生じる相互作用を考えながら自らの専門性を発展的に広げていくことです。

技術の歴史を少し振り返るだけで分かることですが、1つの技術分野の進化は、最初の数十年は飛躍的に進むものですが、その後は進化速度が低下し、やがて停滞するものです。ゆえに、狭義の専門性だけに依存した製品も同じ運命を辿ることになるのです。

今日では、一部の先端分野を除くと、大半の専門分野は成熟した状態に到達しました。先端分野の中には、狭義の専門性であっても高い価値を持つものもありますが、その他の分野では専門性を狭義から広義へと切り替えない限り、顧客に新しい価値を吹き込むことはできないのです。

仮にここで、「製品開発に必要な専門性とは具体的に何か？」という質問をしたならば、あなたはどのような返答をするでしょうか？　学術的、技術的な専門性を頭に思い浮かべた人が多かったのではないでしょうか。

その反応は間違いではないのですが別の視点も不可欠です。それは開発した製品を誰が使うのかを考えればすぐに分かります。そう、顧客です。つまり、製品に適用する技術の専門性だけでなく、その技術が本当に顧客の求めるものかどうかを評価する専門性も必要だということです。

そこで、本書では製品開発に必要な専門性を以下の3つに分類しています。

- ●顧客価値を高める製品・サービスのコンセプトや要素技術を生み出す専門性
- ●仕様に基づいて製品・サービスを具体的な形にして顧客に提供する専門性

●顧客価値とその変化を製品・サービスのコンセプト、仕様に反映する専門性

第1の『顧客価値を高める製品・サービスのコンセプトや要素技術を生み出す専門性』については、しばしば『顧客価値を高める』という部分が抜けた形で、先端コンセプトや新技術を生み出す専門性になってしまうことがあります。

その際、顧客の現在の事業環境やそれに対応した願望、要求がどのようなものであるか、それが将来に向けてどのように変わるのか、なぜ変わるのか、変わった結果として顧客の願望や要求はどう変化していくかについて、別の専門部門が検討し、それを第1の専門性にインプットしているならば問題ありません。

しかし、そうではない場合には、顧客をよく知らない個々の担当者が、それぞれの妄想に基づいて行う活動になってしまいます。まぐれ当たりが出るケースもあるでしょうが、その確率は極めて低いはずです。

とは言え、個々人が妄想するのは自分の頭で考えている証拠であり、考える力を維持し向上するという意味では極めて重要です。『新しいコンセプトや新技術を生み出す専門性』とは、詰まる所、考える力にあるからです。

考える力を有効に活用するために最も必要なことは、すでに述べたように正しい目標の

インプットです。正しい目標をどのように特定するのか気になるかもしれませんが、第3の専門性の所で述べますのでそこまでお待ちください。

第2の『仕様に基づいて製品・サービスを具体的な形にして顧客に提供する専門性』では、顧客要求を製品仕様にフローダウンし、その仕様を満たす製品・サービスを開発し、生産して販売・提供する活動を行います。

ただし、既に言語化された顧客要求は競合他社も知っています。彼らもそれらを満たす製品・サービスを準備するはずです。つまり、単純に要求を満たすだけでは顧客に選んでもらえません。

仮に、あなたの要求を満たす製品が目の前に複数あったならば、あなたはどれを選ぶでしょうか？　特に魅かれる特徴がなければ、最も安い製品を選ぶのではないかと思います。BtoB事業でも同じです。しかし、そうなると待っているのはコストダウンだけであり、そのための生産性向上だけです。

生産性を向上する活動や技術開発は非常に重要な活動ですが、そればかりに注力すると過当競争に陥り、利益が上がらずに共倒れになるリスクが生じます。

共倒れを防ごうとして他社と価格調整をしようものならば、独占禁止法に引っかかり、法律違反のレッテルを貼られてしまいます。どうすれば良いのでしょうか？

言語化された顧客要求の外にある潜在的な顧客要求を見つけ、それを製品やサービスに反映すれば良いのです。それは製品やサービスを差別化する要素となり、他社の製品とは異なるものになるからです。

他社も彼ら独自の観点で差別化を盛り込んだ製品を出してくるかもしれません。しかし、差別化の方向性が異なれば、市場の棲み分けが可能となり共存できるのです。

独自の差別化ポイントを見つけるには、顧客がうまく言語化できない価値、あるいは、顧客もまだ気付いていない価値を見つけることが鍵となります。

ここで、第3に挙げた『顧客価値とその変化を製品・サービスのコンセプト、仕様に反映する専門性』が役に立ちます。第1、第2の専門性を活かすためには、この第3の専門性から出てくるアウトプットが最も重要なのです。

では、この第3の専門性を担うのはどの組織でしょうか？　営業部門、プロジェクト部門、およびアフターサービス部門の3つが頭に浮かぶのではないでしょうか。

顧客が個人の場合には製品の購入と運用が同一なので話は分かりやすいのですが、顧客が法人の場合には、民間企業であれ官庁であれ、通常は顧客も機能別に組織されています。そう、相手は製品の調達部門と運用部門に分かれているのです。

顧客の調達部門に売り込みを掛けるのは営業部門であり、顧客の運用部門に対応するのはアフターサービス部門です。

当然のことですが、顧客の組織の中にはある種の力関係が存在します。製品を購入する立場にある調達部門の方がアフターサービス部門よりも発言力が強いものです。そのため、短期的に製品を売りさばくことだけを考えれば、調達部門と密な関係を築くのが有効だと考えがちです。

しかし、調達部門から出てくる情報には駆け引き材料が含まれている場合が多く、それを鵜呑みにできません。長期間にわたって顧客とＷＩＮ－ＷＩＮ関係を構築したいならば、顧客の本音が見える運用部門からの情報を調査・分析する方がより効果的です。

ここにアフターサービス部門の出番があります。彼らは製品を運用する顧客と直に接触しており、製品に対する今の顧客価値を実感するだけでなく、顧客のビジネス環境の変化やそれに付随した顧客価値の変化をも最初に察知できる場所にいるからです。

アフターサービス部門こそ、顧客を理解するという専門性を最も高めやすいポジションであり、その専門性を高めることによって、他社と差別化するための『潜在的な顧客要求』を見つけることができるのです。

顧客の琴線にふれる『潜在的な顧客要求』を反映した製品やサービスを提供し続ける事こそ、顧客をずっと満足した状態に保つための最も良い方法なのです。

しかし、これまでアフターサービス部門に求められていたことは、顧客に丁寧に接する姿勢や、顧客が言った事を正確に記録するスキル、あるいは決められた整備等のサービスを卒なく納期どおりに終わらせることに留まっていました。

以前、アフターサービスの業務は製品開発よりも一段低いと捉える向きがありました。それは、製品のアフターサービス事業だけを企業本体から分離して子会社に移管していたことからも伺えました。単なるルーチン業務と見なしていたのでしょう。

ですから、顧客のデータを収集する場合でも、「顧客Aでは部品Aが傷みやすいのだが、顧客Bでは部品Bが傷みやすい」と言った事実やそれを顧客が不満と感じているか否かを記録する所までで終わっていました。

顧客の運用データを系統的に収集・分析し、データの裏に隠された真の劣化要因を発見する所までは必ずしも求められていませんでした。あるいは、この劣化問題を解決する事が顧客にどれほどの利益をもたらすかを評価することも求められていませんでした。

まして、時代が変わって顧客価値そのものに地殻変動が起こっていることを読み解いていくことなど、全く期待されていませんでした。従来のアフターサービスの多くは、顧客を深く理解し、支援する専門家の域には達していなかったと言えるのです。

ところが、情報技術の進化によってサービス事業の環境が大きく変わりました。

アフターサービスは、言語化された顧客要求だけでなく、その運用時の情報から顧客が気付いていない価値を見つけることが可能となったのです。さらに、製品自体が発する声（故障の前兆など）をもより詳細に、より正確に聴けるようになりました。これらの情報を分析することによって新たな顧客価値に気付ける環境に変わったのです。

製造系の企業、技術系の企業が出す製品は、新しいコンセプトや新技術を組み込むことによって競合との差別化をする場合が多いですが、顧客は自分達の利益に繋がらないことには興味を持ちません。ゆえに、製品の企画時にどの新コンセプト、どの新技術を選ぶのかが事業に大きな影響を与えます。

変化の激しい時代において、顧客を深く理解しない人達だけでこの選択を行うとすれば、間違える確率が高くても不思議はありません。正しい選択をする確率を高めたいならば、アフターサービスから出てきた顧客価値の変化を知った上で選択する必要があるのです。

「当たり前のことではないか」という声が聞こえてきそうですが、少なくともこれまでは、多くの企業がこれを適切に処理できていませんでした。アフターサービス部門の日常活動や組織内の人材配置の中にその手がかりを見つけることが出来ます。

具体例を1つ挙げましょう。

「製品アフターサービスを行う人材のスキルとして、生産系と設計系のどちらの人材が適切か？」という二者択一の問題を考えた時、あなたはどちらを選びますか？

大抵の方は、「生産系」と答えるだろうと思います。この答えは一見、合理的に見えます。なぜ、合理的に見えるのでしょうか？

アフターサービスのメインである整備プロセスは、最初に製品を分解し、部品を検査し、要すれば部品を修理するか交換し、その後は元の形に復元し、出荷運転を実施して異常がなければ客先に届けるという手順を踏みます。これだけを見れば、明らかに生産系に近い業務です。だから合理的に見えるのです。

さらに、顧客は整備期間をできるだけ短縮することを求めます。この要求に応えようとすれば、当然のことながら設計系の人材ではなく生産系の人材の方が適材です。しかし、ここに落とし穴があるのです。

企業は生産性の向上という指標を追い掛けます。悪いことではないのですが、分業化と生産性向上が組み合わさると、各部門は部門内だけを対象とした『局所最適』に走りたくなるのです。

これをアフターサービスにおける整備業務に当てはめてみると、製品の中身はほとんど知らないが、整備作業だけには精通した人材が選ばれやすくなります。

その結果、整備期間の短縮や生産性は向上するかもしれません。しかし、主たる顧客の運用パターンが変化しはじめ、その結果、製品の顧客価値に地殻変動が起こり始めていたとしてもそれに気付かないか、仮に気付いたとしてもその予兆の先にある顧客要求を製品の切り口で言語化することは出来ないでしょう。

行き過ぎた局所最適化は、変化に弱い体質を作り上げてしまうので注意が必要です。

アフターサービスで顧客価値の変化を察知するスキルは、従来的な整備期間の短縮だけ、生産性向上だけを求めるスキルとは異なるのです。生産系の仕事だけでなく、製品設計の仕事にも通じていることが不可欠であり、この両者をつなぐ専門性だとも言えるのです。

この話をすると、「問題意識は分かった。しかし、具体的にどう対応すれば良いのか？」と問われます。当然ですね。

アフターサービスで出てくる顧客要求は、生産系と設計系をまたぐ種類のものが多く、どちらか片方のスキルでは解決策を見つけられないことはお分かりだと思います。適切な解決策を見つけるには、両方のスキルを備えた、新しい専門性が必要だということです。

この専門性に名前を付けるとすれば、それは『サービス設計』とでも表現するのが適切だろうと思います。

アフターサービスで得た情報を有効に活用して顧客価値を高めるには、アフターサービスと製品設計の実務をつなぐ機能として『サービス設計』という新しい専門性が必要だということです。

この専門性を育てれば、研究の企画段階における新しい製品コンセプトや新技術の選択について見誤る確率を大きく下げることができます。更に、製品企画、開発段階の活動は製品設計とサービス設計が車の両輪として動き、製品とアフターサービスを調和がとれた1つのパッケージとして顧客に提供できるようになるのです。

この専門性は人材育成にも良い影響を及ぼします。製品だけ、あるいはサービスだけを考えていた時よりも広い視野で事業を捉える習慣が身に付くからです。その結果として、従来と比べて格段に価値の高い提案をする力も身に付けるようになるでしょう。

さて、ここまでは顧客を深く理解するという視点からアフターサービス活動の重要性を述べてきました。次は、アフターサービス活動が自らの事業や製品に及ぼすポジティブな影響を考えていきます。

アフターサービスは自社製品の進化を促す

前項では、アフターサービスは顧客を知り、今の顧客価値だけでなく、その変化の兆しをも知る強力な手段になることを述べました。本項では異なる角度からアフターサービスを捉えます。

自社の実力を知り、自社が進化すべき方向を知るための手段として捉えるのです。

前述したように以前は、アフターサービス活動はルーチン作業とみなされ、製品事業の本体から切り離し、子会社に移管されるケースが数多くみられました。

製品を出せば売れる時代、あるいは製品の進化が極めてゆっくりとした時代には、これは1つの合理的な方法だったのかもしれません。しかし、グローバル競争時代においては、製品の進化の速度が明らかに速まりました。

製品の進化は多くの場合、顧客価値を高める新しいコンセプトの採用と、それに必要な『新しい技術』の採用によってもたらされます。『新しい技術』という言葉には2つの意味があります。これまで存在していなかった技術という意味と、既に存在はしていたが自社にとっては新しく初めての技術という意味です。

新しい技術を適用した製品を市場に出した際には必ず1つの不安が残ります。それは、製品の安全性を含む耐久性に関する不安です。

表面的には、社外的にも社内的にも「自社製品は開発段階で十分な耐久試験を実施し、それを合格した上で市場に出しているので何の不安もありません」と主張されるでしょう。しかし、実際に設計や生産を手掛けた技術者の心の中には少なからず不安が残っているものです。仮に不安をまったく感じない技術者がいたとすれば、技術者として不適格だと断言します。不安がないのは妄信と同じだからです。

不安が消えない理由を考えていくと、すぐに2つの事に気づくでしょう。

1つはモノのバラツキであり、もう1つは耐久試験の内容が実際の運用と異なることです。

日本の企業は以前から、前者について非常に注力してきました。品質工学やロバスト性という概念を持ち込んで対処している所からもそれを伺えます。

これに対して耐久試験については、あまり深く考えずに盲信していた傾向が伺えます。確かに耐久試験は、実際の運用よりも少し厳しい条件を設定して行うものです。しかし、試験が実施される環境は試験場という管理された空間です。様々な外部ノイズが入り込む現実の運用空間とは異なるのです。

従来は、この不安を払拭する、あるいは、確認する場として定期点検やオーバーホール整備しかありませんでした。そこで製品を部品単位まで分解し、1つ1つ想定内の状態にあるかどうかを確認していたのです。

顧客は製品の点検や整備の必要性を十分に理解しているのですが、彼らにとってはその製品は稼ぐ手段であり、一日も早く戻ってきて欲しいと思うものです。そのため、顧客の納期が優先され、製品の耐久性における課題を調べる時間は減らされやすいのです。

たとえば、製品をモジュールにまで分解した後、更に分解するものと分解しないものに分別するなどして時間を短縮します。その場合、分解しないモジュールについては、部品の状態をモニターすることすら出来なくなるわけです。

使い古された技術が適用された部位ならばそれでも良いかもしれません。これに対して新しい技術が適用された部位では、それはリスキーな行為であり落とし穴になりえます。気付かぬうちに想定外の劣化が生じ、それが安全性を脅かす事態に発展してしまうこともあるからです。

「当社の製品はたとえ運用中に故障しても、大きな事故には繋がらないから大丈夫です」

という声が聞こえてきそうですが、貴社製品の故障が、それを組み込んだ製品システムにどのような影響を及ぼすかを完全に把握していますか？　あるいは、隣接する他社の部品やモジュールにどのような影響を及ぼすかを理解していますか？

製品運用における安全性の観点では、二次損傷というのが非常に厄介な存在なのです。プロであれば一次損傷を見誤る可能性はゼロに近いでしょう。

しかし、二次損傷は『風が吹けば桶屋が儲かる』のように連鎖反応によって生じるものです。危険な反応がゆっくり進む場合もありますが、短時間に進んでしまう場合もあるのです。

自社の製品が組み込まれている上位システムにどういう影響を及ぼすのか、それを適切に把握した上で点検や整備の項目を減らすならば問題ありません。しかし、そうではないならば、事故が発生した場合には貴社にも一定の責任があることを自覚ください。

前述を繰り返しますが人身が傷つく事故であれば刑事責任が生じます。その責任は組織ではなく個人に向けられます。製品全体の一部であったとしても、あなたがその責任者であるならば、責任を問われる可能性があることを忘れないでいただきたいのです。

なぜなら、刑事責任を問われる状況に陥ったならば、それはあなたの人生を大きく変えてしまうからです。そうならないように事前に手を打たないといけないのです。

今日では、ＩｏＴ技術によって自社製品が運用される環境を遠隔モニターできるようになりました。これらの情報を使えば、個々の顧客が当該製品を使うときの運用環境を知ることができ、壊れる予兆や、製品設計時の想定内か想定外かを判別できます。あるいは、ある時までは顧客の運用がずっと想定内であったにも関わらず、ある時点を境にして運用に変化が生じる場合もあります。「製品運用の変化って何だ？」とイメージが湧かない人もいるでしょうから、具体例を挙げて説明します。

あるエアラインＡ社が国内線で定番の航空機を使って運航していたとします。しかし、高速鉄道が開通したことにより利用者数が激減し、そのルートはサービスを停止することになりました。

一方、この航空機の運用範囲にある国外線ルートで新たな需要が起こりつつあることが分かり、その路線運航の許可も取れたので、対象の航空機を新しい国外線のルートで使うことになりました。

運航を開始した所、しばらくは問題なかったのですが、国内で運行している時よりも、明らかにエンジン劣化のペースが速いことが分かりました。整備業者からは安全な運航を行うためには、整備期間を従来の半分にすることが必要だという連絡がありました。

整備業者にその理由を問うた所、その国外線ルート上には工業地帯があって、ある種の腐食ガスの濃度が高いためだとの報告がありました。

ならば、同じ定番の航空機で同じルートを運行している競合エアラインB社においても状況は同じだろうと考えて調査した所、B社の整備期間は従来どおりで半減していない事が分かりました。

そこでさらに違いを調べてみると、同じ定番の航空機ではあったのですが搭載しているエンジンが異なる企業の異なる機種であることが分かりました。

エンジンに適用されている技術的な詳細を調べた結果、B社が使っているエンジンでは空気が汚い環境でも劣化を抑制する技術が適用されており、そのため整備期間を従来から半減する必要がないことが分かりました。

エアラインA社は航空機をリース契約で借りていたので、この調査結果が出てきた後、リース契約の更新時に搭載するエンジンを変えることにして問題を解決しました。

この話は、購入した製品を運用する環境が変わり、それが製品の耐久性に悪影響を及ぼした例です。航空機を対象とした話でしたが、自社製品に置き換えて考えていただければイメージが湧くと思います。

このように顧客の運用環境が変わることはよくあります。それが一時的、部分的ならば、対策を打たないという考え方もあるでしょう。しかし、運用環境の変化が恒久的なものであり、しかも、それが新しい標準になるとしたら、対策を打たないと顧客は他社に逃げていきます。

今回の例は単純なケースでしたが、実際はより複雑な場合が多く、問題を特定するために複数の専門家が連携しなければならない場合が大半です。誰かがそれを統合する必要があるのですが、そのような人材をどう育成・維持するかが課題です。この課題を解決する方法については第5章に述べたとおりです。

どんな製品であっても必ずライフサイクルというものがあります。その製品を購入して運用を始めてから運用を停止し、廃棄するまでの期間です。製品のライフサイクルは1年程度と短いものから、20年、30年と長いものまで様々です。

特にライフサイクルが長いものでは、次に製品を更新する時には、売る側も買う側も、担当者が変わっているのが普通です。もし、人材だけに依存したアフターサービスをしていたならば、顧客情報や顧客価値の変化の動向もその人の退社とともに失われます。

顧客価値の視点からアフターサービスを捉えなおし、顧客の変化をすばやく探知できる仕組みを構築すれば、顧客に満足を与えつづけることが可能です。後継機種を提案する時もかゆい所に手が届く提案をすることができるでしょう。

顧客の立場で考えれば、顧客企業内の前任者が退社して細部が不明となってしまった時、タイミング良く現れて、しかも、過去から現在に至る経緯に加え、今後の社会の変化をも踏まえて機種更新の提案をしてくれたならば、社内の合意も取りやすく、その企業の製品を選定してしまうのではないでしょうか。

アフターサービス戦略の話はここまでです。次は話の方向性を大きく変え、自社資産を活用してグローバルに飛躍するための戦略について述べていきます。

世界との競争を優位に進めるための自社規格グローバル化戦略

世界との競争を優位に進めるための2つの武器

弱小企業の経営者やリーダーの中には、国内市場で事業をするのが精一杯であり、世界の市場に出てもとても戦えないと思っている人がいるのではないでしょうか。その考えは正しい場合もありますが、今日では勘違いとなってしまうケースが増えています。

なぜなら、インターネットが普及し、地理的な差を超えて世界と直接的に繋がることができるようになったからです。特徴のある製品や技術を作り出してアピールすれば、それに反応する人が必ず出てくる状況になったからです。

とは言え、注目されたからといってそれでビジネスが改善するのかというと、必ずしもそうはなりません。インターネットで情報を掴んでコンタクトしてきたとしても、必要な情報を入手した途端にコンタクトを止め、競合者に変身する企業もたくさんいるからです。

情報は広めやすいという長所を持ちますが、同時に、真似されやすい、盗まれやすいという欠点をも持ち合わせています。世界の注目を集めたのは良いが、ただ真似されるだけで終わったのでは意味がありません。

「ならば、秘密情報はひたすら自社に囲って守れば良いではないか」と主張される人もいるでしょう。小さな事業をするのであれば、それで良いでしょう。その代わり、製品や技術の良さが世界に広まらないので事業が成長しないことを覚悟しなければなりません。

「では、どうすれば良いのだ？」と言えば、それは世界が守ってくれる情報に変換してからビジネスに適用すれば良いのです。知財であればノウハウとして自社に囲わずに特許として公開する、あるいは規格化して世界標準にするのです。

「そんなことは良く知っているし、既にやっている。当たり前のことを言うな」という声が聞こえてきそうですが、周囲を眺めると自社で創造したユニークな知識を高い価値に変換できずにもがき苦しんでいる人達をしばしば目撃します。

「なぜか？」と言えば、知財を価値に変えるためのしっかりとした戦略がないからです。しっかりした知財戦略を持つ企業もいますが、それは少数派と言えましょう。

残念ながら多数派は戦略性がなく、隙間だらけの特許の束か、あるいはノルマを課された技術者達が自社の戦略とノウハウを社外に知らしめる情報公開の資料を作っているだけなのです。

特許と規格は世界で戦うための強力な武器になり得ます。喩えるならば防御力と攻撃力を兼ね備えた盾と剣です。しかし、戦略性が欠如した状態では、剣のない盾だけ、あるいは、盾のない剣だけの状況になり、その威力は大きく落ちてしまうのです。

「ならば、どういう戦略を持てば良いのか？」という質問が返ってくるのですが、それに対する最初のアドバイスは、「知財を事業価値のある資産に変換する選択肢を、系統的に考えることによって高い確率で貴社にマッチした戦略を見つけられる」というものです。『系統的に考える』という行為は、間違った選択肢を選ばないためにとても重要です。しかし、残念ながらこれを省略して直感的に結論に到達したがる人が多く、判断を間違えてしまうのです。

直感は石器時代に獲得されたスキルであり、人間心理を読む手段や緊急時の判断を行う手段としては非常に優れていますが、複雑でしかも未来の競争戦略を考える手段としてはあまり役に立ちません。

このような場面で役に立つのは、どのような選択肢が存在するのかを系統的に考えた上で、それらの長短所を比較検討して選択する思考プロセスです。大抵の人は比較検討するスキルは高いので、鍵となるのは『系統的な選択肢をリストアップ』するスキルです。

あなたが本件について系統的に考えたならば、概ね5つの選択肢がある事に気付かれることでしょう。以降はこれら5つ選択肢の長所と短所について述べていきます。

第1の選択肢は古くから実施されてきた方法であり、『守りたい秘密情報を隠す』という方法です。少し前までは知財と言えば特許を意味しましたが、その後、社内に隠しておく情報を『ノウハウ』として登録することにより法的な保護が得られるようになりました。『ノウハウ』として隠す事による長所と短所を具体的に考えてみましょう。隠すことによってメリットが生じるには2つの条件が必要です。隠した内容に価値があること、及び隠した内容を知るための科学的な理論がまだ存在していないことです。

1つ目の条件は当然の話ですが、2つ目の『科学的な理論が存在しない』という条件が実は非常に重要なのです。にもかかわらず、これを指摘する人は少数派です。

理論が存在しないということは、『理屈はよく分からないのだが、このやり方を適用するとなぜか同じ結果が再現される』ということです。

理屈が分からないため、他者がそのノウハウを知ろうとしたら、必ず試行錯誤の活動が必要となり、そこに到達するためにはかなり長い時間が掛かると予想できます。それは、少なくとも数年、長ければ10年以上の期間、先行者利益を得られるということです。

この2つの条件が満たされるならば、隠すことはビジネス的に意味があります。しかし、デメリットもあります。隠すためには、そのノウハウを知る人の数を抑える必要があり、ソフトウェアや設備の形に落とし込むことも許されません。ノウハウを知る人の数を増やす、あるいはソフトウェアや設備の形に落とし込むことは、これらを媒体として必ず秘密情報が拡散していくからです。ノウハウを使って大規模な事業を展開した場合、短期的には繁栄できるかもしれません。しかし、様々なルートを通じてノウハウが漏れていき、競合他社はすぐにそのノウハウの本質を知るようになります。詳細は知らなくても本質さえ分かれば、あとは自社で研究し似て非なる真似をできるようになります。その後に待つのは価格競争です。

故に、ノウハウとして隠す方針を取るのであれば、情報管理を徹底できる小ビジネスが適しているのです。大規模ビジネスにも使いたいと考えるならば、秘密が漏れたとしてもそれを法的に守ってくれる別の方法を選ぶ必要があります。それが次の選択肢です。

第2の選択肢は研究活動で得た知識を特許化することです。特許化できるのは科学的に再現性がある内容だけです。つまり、理論的に推測が可能な内容であるということです。理論で推測できることは、多くの人が同じことに気付くチャンスがあることを意味します。

ですから、特許は先行者の権利を守る仕組みになっているのです。

権利化すればそれを自社だけのために独占的に使用しても良いし、あるいは、他の企業に有料でライセンスすることも可能です。特許の内容にも依りますがその価値が高ければ他社との提携や特許の交換を通して市場やビジネスの規模を拡大することも可能です。

特許化のメリットは先行者の権利を守るという面もありますが、実はそれ以上に知識の公開や特許のライセンス使用を通してビジネス全体を活性化して成長に導く特性があり、そちらの方がより重要だと言えます。

とは言え、デメリットもあります。知識の公開は自社の戦略を曝すことになるからです。後発企業にとっては貴重な情報源であり、先行企業の戦略をまねて後追いを始める契機を与えることになるからです。

1つの特許でカバーできる範囲は限られ、必ず、隙間があるものです。その隙間を全て埋めるには相当な労力とコストが掛かります。大企業の中には、この隙間を埋めるために組織的な活動を行うケースを見掛けますが、有効性はあまり高くありません。

なぜなら、コア特許を守るために出願された防衛特許の多くは付け焼き刃的で、さらに出願時期も遅いからです。時期が遅くなるのは、コア特許の有効性が確認されてから防衛特許の活動を始めるからでしょう。

特許化は、技術戦略を競合他社に悟られるという意味でデメリットの大きな方法です。競合他社は、先行企業の特許をよく研究した上で隙を突いた別特許を出してくるからです。そして、先手よりも後手の方が成功するケースも多いからです。

ですから、ただ特許化するだけでは不十分であり、優位性を確保することはできません。主導権を取るためには戦略的なマネジメントが不可欠なのです。それは以降の話を読んでいただければ分かると思います。

第3の選択肢は得た知識の規格化です。規格化する内容は、特許のように科学的理論で説明できる内容だけでなく、ノウハウのように再現性はあるものの理論的にはうまく説明できない内容も含めることができます。

つまり、ノウハウを情報公開するかわりに、それを1つの業界スタンダードとして公式に認めてもらうというアプローチなのです。

規格化の最初のステップは自社規格づくりです。規格は、素材や部品の製造、あるいはサービス提供における品質を安定化させるために考案された再現性のある工夫です。科学の理論によって説明できないノウハウであるほど価値が高まる可能性があります。

自社規格を社内に囲っている限りは第1の選択肢と同じです。小ビジネスには適するが、規模の大きなビジネスには適しません。しかし、この自社規格を国の規格、更には世界の標準規格に変えると見える景色が変わります。

自社規格が世界標準になった時、それが材料や部品の製品に必須のものであるならば、市場が一気に広がる可能性が出てくるからです。

「そんなことは夢物語だ」と主張する人がいるかもしれませんが、今の時代は狭い分野であっても優れた規格ならばグローバル化できる時代です。優れた自社規格を隠しておくのはとても勿体ないことなのです。

ここまでの話からお分かりのように規格化のメリットは2つあります。1つ目は情報の公開を通して市場を広げることです。この点は特許と似ています。一方、2つ目は特許と正反対の方向です。

特許はその使用を許可するにしても相手企業との交渉や調整が多数生じます。一方で、規格は世界標準になってしまえば、その市場に入ろうとする企業は強制しなくても自発的にその規格に従おうとします。この事は非常に重要です。

なぜなら、いちど世界の標準規格になってしまえば、後から少しだけ優れた別の方法が出てきたとしても、大半の企業は標準規格になった方を選ぶからです。規格の使用料金は有料の場合もあるものの多くが無料であり、それが標準規格品の市場を拡大する駆動力になるのです。

もちろん、デメリットもあります。自社規格を世界の標準にするためには、標準化団体やその委員会に人材を参加させなければなりません。また、自社の規格を世界標準にすることのメリットを主張し、賛同する仲間づくりの活動もしなければなりません。それらの活動を行うために人件費と出張費のコストは増えるでしょう。

しかし、通常は掛けたコスト以上のリターンを得られますし、また、他社人材との議論は人材の育成に有効です。その分野の世界の企業や関係者を知り、彼らと真剣に議論することにより鍛錬されるからです。

特許と規格はどちらも知財ですが、この2つを単純に比較したならば、特許よりも規格の方が市場を広げる効果は格段に大きいと言えるでしょう。

このような話をすると、「知財による収入を考えれば、特許使用料を取れない規格よりも取れる特許の方が良いのではないか？」と質問をしてくる人がいます。

知財で稼げれば良いのは当然ですが、相手はその費用を最小限に抑えたいと考えるので、大抵の場合、交渉は難航します。しかも、この交渉は各社ごとに行うことになり、交渉のための労力（間接費）は相当なものになります。間接費が特許収入の多くを食いつぶしてしまうこともあります。

同じ特許の交渉をするにしてもよりスマートな方法があります。次はそれを述べたいと思います。

第4の選択肢は規格の中に特許を組み込む方法です。世界を見渡すと、巧妙にこの方法によって知財で稼いでいる企業がいることに気付きます。それはサービスとサービスの間をつなぐインターフェース部分において多く見かけます。

特に、繋がらないと困る、代替を待つと時間が掛かる、払う費用が払える範囲内にあるという3つの条件が揃うと、規格を満たす製品の中に特許が埋め込まれていても、それを多くの人や企業が買ってくれます。

第4の選択肢の派生型として第5の選択肢があります。この選択肢ではノウハウを規格の中に埋め込みます。ノウハウは公開されますが、特許以上に市場を拡大する効果がありえます。公開しても先行者の強みを維持できる条件を整えておけば、競争上の優位性を長期に渡って維持することができるでしょう。

第4、第5の選択肢のメリットは、規格によって市場を広げながら、特許やノウハウを上手に規格に組込んで、知財でも稼ぐことができる点です。それは知財交渉によって調整するというよりも、単に製品やサービスの売値に含めることができるのです。

単なるノウハウ化、特許化、規格化では、それらのビジネス面の効力は限定的ですが、規格と特許、規格とノウハウを組み合わせることにより、強力なビジネスツールに変えることができるのです。

さて、ここまで規格化のメリットを中心に述べてきました。規格化は、経済を営む社会全体にとって好ましい効果を生み出します。市場は広がり、経済が活性化するからです。しかし、対象によっては規格化することが付加価値を上げる場合と下げる場合あることに注意しなければなりません。

自社規格のグローバル化は事業を成長する手段になりますが、付加価値や利益を高めるためには対象分野を選ぶ必要があります。では、どういう分野を選ぶのが良いのか、次はその話に移ることにしましょう。

自社規格のグローバル化が価値を生み出す分野

前項の末尾において、自社規格のグローバル化を行う際には、その対象分野を選ぶ必要があることを述べました。規格化はそもそも経済活動を円滑にするための方法として考案されましたが、その分野は大きく4つに分類することができます。

これらの分野を概観すれば、どれが付加価値を上げやすいか、あるいはどれが付加価値を下げやすいかが自ずと見えてくるのです。では、この4つの分野について歴史の流れに沿って1つずつ見ていくことにしましょう。


規格化、標準化が最初に行われた分野は『単位』の標準化でした。度量衡《どりょうこう》という言葉の方が多くの方には馴染みがあるかもしれません。重さ、長さ、体積等、商品を交換する際の再現性、公平性を担保するために大昔に人間が考え出したコンセプトです。

この標準化によって取引の信頼性が向上し、経済活動を活性化させました。売り手にも買い手にもメリットのある良い解決策だったと言えます。


規格化、標準化における第2の分野は『接続性』の標準化でした。おそらくこれも大昔に考案されたと思いますが、顕在化したのは工業の量産化が始まった後です。まずは機械的な接続性の改善が進行しました。具体例としてボルト、ナット類が挙げられます。

接続性の標準化は部材の標準化を促進しました。これはおもちゃのレゴを思い浮かべるとイメージしやすいでしょう。同じ部材を組み合わせて様々な形を作れるようにしたわけです。このコンセプトはすぐに電気の分野にも水平展開されました。具体例としては電源の電圧やコンセントの形の標準化などがあります。

『接続性』の改善は社会にとって大きなプラスに働きました。一方で、製品事業を営む企業にとっては両面性がありました。

接続性が増すことは競合製品が増えることを意味します。機能や性能に差がなければ、すぐに価格を下げる競争になりやすいのです。しかし、良い面としてはユーザー数が増え、市場が拡大することが挙げられます。

つまり、『接続性』の改善は、その後の差別化戦略を十分に練っているか否かで大きな差が生じる分野だということです。

この『接続性』の改善に関して、最近の興味深い事例を1つ挙げるとすれば、それは、電気自動車（ＥＶ）における急速充電方式の規格競争でしょう。

ＥＶはエンジン車と比べてエネルギー効率が高いため、仮に電気料金が少々高い環境であっても運用コストを低く抑えることができます。しかし、新規参入の立場なので古参のエンジン車と比べて燃料を補給するインフラが整っていません。

「充電ならば自宅でも出来るだろう」と思うかもしれませんが、普通充電の能力は低く、一晩では十分に充電できません。毎日車を使わないならば問題ないですが、毎日使う用途には向かないのです。故に、ガソリンスタンドのような身近な所で急速充電するサービスが求められています。

環境性や燃料の経済性が優れていたとしても、急速充電をできる場所が遠ければ市場は広まりません。しかし、規格が標準化され、量産効果により設備の価格が下がり始めれば、充電場所が増えて利便性が増し、ＥＶ市場は急拡大するでしょう。

また、急速充電の廉価版の設備が開発され、一戸建て住宅や集合住宅にも標準の設備として設置されるようになればＥＶの普及に拍車が掛かるでしょう。

この接続性の標準化で最も利益を得るのは短期的にはＥＶメーカです。充電設備メーカは、普及が進むにつれて競争が激化してコスト競争に追い込まれるからです。とは言え、単なる充電スタンド市場だけではなくその先にある住宅市場までを見込むならば、市場は格段に大きくなるので設備メーカにとっても不満はないでしょう。

この意味でＥＶ用の急速充電における規格化は、戦略性が高く、非常に価値の高い規格になるだろうと予想できます。

さて、ここまでの標準化の対象はモノでした。しかし、それが20世紀後半になると、目に見えるモノから目に見えにくい対象も出てきました。そして、その変化は21世紀に入って拡大し続けています。次はその話に移ります。

３番目の標準化は、製品やサービスを生み出すプロセス、つまり『組織活動』の標準化です。このような目に見えないことを標準化する必要が出てきたのは、多数の製品を組み込んだ製品のシステム化が進んだからです。それは製品だけでなく、製品を生産する設備、さらにはサービスを提供する設備にまで波及したからです。

組織活動の標準化が広がる契機は１９８０年代後半に立て続けに発生した大事故でした。具体的には、チェルノブイリ原子力発電所の事故、日本航空ボーイング７４７機の事故、およびスペースシャトルチャレンジャーの爆発事故です。

どれも安全性の問題なのですが、調査の結果、その根源は、複雑な製品システムを作り上げる際の品質上の問題であって、しかもそれは、製品やサービス開発を行う際の組織的活動プロセスの問題だと結論づけられました。これを契機として組織活動の標準化が進み、最終的にはＩＳＯ９０００の規格が作成されました。

この規格は、決められたことを決められた通りに実施すれば、品質が担保されるという考え方でまとめられています。しかし、製品に組み込まれた技術、製品を製造する設備の成熟度が低ければバラツキは大きく、同じ手順を踏んでも同じ性能や寿命は得られません。

つまり、単にＩＳＯ９０００を遵守しているからと言って、品質が良いとは限らないのです。

バラツキを抑えることが安全上、品質上において必須条件の場合には、バラツキの大元を除去できる設備やこれを検知できる装置に付加価値が生じます。これを提供できる企業が希少であれば、間違いなく儲かるビジネスになるでしょう。

品質・安全性に関するグローバルな標準化、規格化が設定されると、世界中のどの企業もそれを守らなければならなくなります。その規格を満たすのが難しければ難しいほど、それを満たす製品やサービスの付加価値は高まり、儲かるビジネスになります。

とは言え、戦略なくして、このような付加価値の高い製品やサービスを開発することはできないでしょう。品質・安全性を保証するための鍵が何かを探り当て、そこにリソースを集中しなければ実現できないからです。

このような戦略づくりが得意なビジネスがあります。代表例は航空機産業です。人命を扱うビジネスは、他のビジネスとは異なる視点でモノを視る訓練をされており、その訓練を通して得られたノウハウが今の時代の戦略づくりに役に立つからです。

4番目の標準化は現在進行中です。これも目には見えない話なので厄介です。加えて、前述の組織活動の標準化とセットで実施しなければならないものです。それは『情報保護』の標準化です。情報セキュリティという言葉の方が通じやすいかもしれません。

今の時代では、多くの情報は紙の上ではなく電磁的な記録装置の中に0と1の組合せの形で保管されています。一見してもその真偽は分かりません。それ故、情報の改ざん行為が行われても気付きにくくなりました。

嘘の情報やデータの書き換えは、産業活動だけでなく市民生活をも混乱させる重大事であり、特に精神面で悪い影響を及ぼします。しかし、単なる情報改ざんは、身体に直接の危害を及ぼすことはありません。

情報の改ざんが人間に身体的な危害を与える可能性があるのは、無人化や自動化の製品を営む事業です。製造業やソフトウェア企業がその被害を受けやすい立場になるということです。

様々な事柄の判断が人から人工知能を搭載したコンピュータに委任されるのでしょうが、判断に使用する情報の改ざんは、製品の動きに影響を与え、結果として人に危害を及ぼす可能性が生じます。この分野では、情報改ざんは安全性の問題になるのです。

「あくまでも情報保護の問題であり、それを強化すれば良い」と主張する人がいるかもしれません。しかし、情報の改ざんリスクは完全に撲滅できるものではありません。必ず残るものです。よって、その現実を踏まえ、安全性を担保する策が必要になるのです。

この場面で重要になるのが、第4章でも述べた『止めない安全性』の考え方です。この考え方を製品として具体化するには一定の困難が伴うでしょう。しかし、困難が伴うものであれば、それを実現した製品や設備を含む規格化は大きな価値を生むでしょう。前述の3番目に述べた話と同じです。

その果実を得るためには、戦略的なマネジメントが不可欠であることは言うまでもありません。

以上、4つの分野を概観しました。規格の世界標準化を進めることが事業の付加価値を高める分野と、必ずしもそうならない分野があることをご理解いただけたのではないかと思います。次は自社規格を国際標準に格上げした時の威力について述べていきます。

国際標準になった規格の威力

デファクト標準というものがあります。マイクロソフト社のウィンドウズはその代表格です。ソフトウェア分野ではこの種の標準がいくつもあります。一方、ハードウェア製品やそれに付随したサービスのデファクト標準はほとんど見掛けません。

なぜ、このような差が生じるのでしょうか？

科学技術の歴史を振り返るとそのヒントが見えてきます。教科書に名前が掲載される人は最初の発明者だけですが、大抵の場合、少しだけ遅れて同じ結論に至った人達が世界のあちこちに存在しました。

つまり、科学技術の分野では世界中のあちこちで同じような事を考えている人達がおり、僅かな時間差で類似の製品が生み出されているということです。しかし、それでは、なぜ、ソフトウェアはデファクト標準化が起こりやすいのに、ハードウェアでは起こりにくいのでしょうか？

その理由は次のように考えられます。ソフトウェアは情報でありインターネットを通して国境を瞬時に超えることが可能です。それ故、国や国際団体が標準化を考え始める前に普及が進んでしまい、先にデファクト標準化してしまうのです。

これに対して、ハードウェア製品やそれに付随したサービスは、優れたモノであっても、各国政府による貨物管理の壁があるため、世界中に波及するには相当な時間が掛かります。類似のハードウェア製品を開発している企業が世界中のあちこちにいることを考えれば、類似製品が先行してローカル市場を占有するため、デファクト化が起こりにくいのです。

世界のあちこちで、同じ市場を目指して同時並行で新しい製品が開発されているならば、それぞれの個性が細かい違いとなって現れます。この差はいわゆる多様性ですが、細かい差は必ず接続性に影響を及ぼします。

A国だと他の製品と繋ぐことができて非常に便利だが、B国ではスタンドアロンでしか使えないということが起こるわけです。

小ビジネスを行う企業ならば、この状況は参入障壁になるのでむしろ好ましいものかもしれません。しかし、グローバルに大規模なビジネスを展開したいと考えるならば、この状況は打破すべきものです。

打破する手段として、国際標準化は非常に有効な手段になりえます。デファクト標準との大きな相違点は、参加者全員が、国際団体で合意を得た規格を必ず守ろうとすることです。世界トップの企業であっても、いちど決まった規格を覆すことは極めて困難です。覆す行動は多大な労力と長い時間を要し、経済的に不合理な活動となるからです。認めて従う方がずっと楽なのです。

この規格化が大きな影響を及ぼした一例として、自動運転車の分野における通信規格を挙げることが出来ます。一般的には規格の使用料は無料のものが多く、かりに有料化する場合でも、通信を司る部品メーカに対して課すのが普通です。その部品を含む上位の製品システムメーカが使用料を課されることはありませんでした。

有料化を提案したのはこの規格の裏側に多数の特許があったためです。その特許の権利を管理している法人が特許使用料の請求に動いたわけです。従来の風習とは異なっているため、大手メーカはこの提案を無視し、自社規格を作って対抗する選択肢もありました。

しかし、自社規格を一から作り上げるには長い時間が掛かり、また、仮に規格化できたとしても、既存の国際標準の規格とは互換性がないため、自社製品に特有の専用部品数が増え、結果として製造コストが上がり、価格競争力を弱めることになります。

機能が同等ならば、殆どの個人や法人は安い方を選ぶのが世の常です。単独で自社規格に固執した企業にはコスト競争で負ける運命が待っているでしょう。たとえ、この市場で世界のトップに君臨する企業であっても、この提案は逆らいにくい話なのです。

スケールは小さいながら、自ら似たような経験をしたことがあります。ある先端素材の試験に関する規格を世界標準にしようとした時の話です。

先端技術の場合、世界全体を見渡しても、適切な規格が整っていない分野や項目が多々存在しています。そのため、たとえ世界的な大企業であっても、すべての分野について、適用できる規格を用意できているわけではありません。

一般に日本の企業は大企業といっても世界的に見ると小企業である場合が多いですが、そのせいなのか、規格化のようなルールづくりは自社よりも大きな外国の大企業に任せる傾向があります。

世界標準をつくる場に出ていけばすぐに気付くことですが、世界は今の所、国家の単位で物事を調整しています。故に、日本の中で対象とする新分野に詳しい人材がいなければ、中堅企業や中小企業であってもそこに入り込むチャンスがあるのです。

そして、国の代表になれば、国際会議の場において自社よりもずっと規模の大きい企業の人間と同格と扱われ、同等の発言力を持てるようになるのです。

国際会議の場は民主主義的であり多数決で物事が決められるのが普通です。重要な事は提案に賛同する国の数であり、弱い者同士が手を組むことにより、強い者を凌駕することも可能です。

実際の経験を話せば、業界内において敵対する関係にあった企業がいたのですが、その企業の人と話をした所、実は同じ規格化を目指していることがわかり、両者が連携する事が最善策だという結論に至りました。その結果、会議を有利に進めることが出来ました。

業界トップの企業はこの規格化に反対していたのですが、風向きが彼らにとって不利だと見て取ると、我々の提案に賛同する側に回り、仲間に入れて欲しいと打診してきました。これには非常に驚かされました。

理屈としては分かっていたのですが、目の前でこういう事が起き、規格を世界の標準にするための国際会議がいかに威力のあるものかを心底から実感しました。また、国際会議で提案を有利に進めるための戦略も重要であることを認識しました。

この話をしたのは、『世界の他社と比べて規模の小さい企業では、自社規格を世界標準にするなど不可能だ』と考えている人達にその考えを改めていただきたいからです。今日の時代はルールづくりが事業の価値を高める有効な手段となる時代です。

もし、あなたの製品開発プロジェクトの中に優れた自社規格があり、それがその分野の製品競争力を左右すると考えるならば、是非、その規格の世界標準化を目指して欲しいと思います。

無人化、自動化の時代の中で飛躍する

今日、最も大きなトレンドは脱炭素化と言えるでしょう。地球温暖化について、最初に本格的な問題として提起されたのは１９９７年の京都議定書の採択でした。しかし、その影響力は低く、脱炭素化は遅々として進みませんでした。

２０１６年にはパリ議定書が採択されましたが、その後の動きも非常にゆっくりとしたものであり、まだ、本格的に動き出す所までは達していませんでした。

しかし、２０１８年にグレタ・トゥンベリという少女がスウェーデンの国会議事堂の前で座り込みのストライキを始めたことを契機として、世の中の空気が変わり始めました。脱炭素化の動きが本格化し始めたのです。その理由は定かではありませんが、次のように推測しています。

科学的な裏付けは無くても、気候が変わり始めていることは誰の目にも明らかでした。ただ、問題が大きすぎ、さらに日々の生活に追われているので、多くの人は「これは政府の仕事であり、無力の自分が関与しても無駄だ」と考えていたのでしょう。

しかし、少女がたった1人で行動を起こしたのを見て、「たとえ微力でも個人として何

かしなければならないのではないか」という気持ちが多くの人の意識の奥底に芽生え、それが日々の小さなことでも気候変動と関連づけて判断されるようになり、更にそれが周囲の他者にも影響を与えて次第に大きな流れになっていったのではないかと考えています。

何を言いたいかというと、多くの人々が心の中に抱えている不安は、何かをきっかけとして世界的なトレンドにまで発展することがあるということです。これは、これから話す内容にも通じていると考えています。

時代の流れを見れば明らかですが、これからの数十年間は、ＡＩの使用が増え、無人化、自動化が急ピッチに進む時代になるだろうと予想されます。一方、そのトレンドに沿って製品に対する安全性とセキュリティへの要求がますます厳しいものになると考えます。

「話が飛躍して何を言っているか分からんぞ」と反応する人もいるでしょうから、少し丁寧に説明します。

脱炭素化がひとりの少女の声から急速に進展したのと同様に、安全性とセキュリティに関する話も、何かをきっかけに急速進展すると考えているのです。

より具体的に述べましょう。

人は、自ら判断して物事を行った時には、それが成功しても失敗しても自己責任として受け入れるものです。

例えば、自動車を運転していて事故を起こし、誰かに怪我をさせてしまった場合、「これは自分に責任がある」と考え、問題に真正面から対処するものです。

もちろん、無責任な人もいるかもしれません。しかし、それは例外であり、大抵の人は善良な心を持っているので前述のように考えて振る舞うでしょう。

しかし、自分の判断ではなく、別の誰かの判断で悪いことが生じた時には事情が変わります。その時には、「この件は自分には責任はない。むしろ自分は被害者である」と考え、自分以外の誰かの責任を追及するでしょう。これは人間の性（さが）であり簡単に変えることは出来ません。

無人化、自動化は、物事の判断をユーザーである人間から、製品とそれを制御するＡＩソフトウェアに移譲することを意味します。ですから、その製品の利用で事故が起きる等、何か悪いことが起きた時にはその製品やそれを製造した企業の責任と考えたくなります。

企業はそれで訴えられるのを避けるため、製品の使用に際して免責条項を入れ、それを承諾しない限り製品を購入できないようにするかもしれません。そうすれば短期的には、責任を免れながら製品を販売することが出来るでしょう。

しかし、『免責』というのは文字からも分かるように責任逃れをすることです。法的には正しくても、製品を使う普通の人達がどう感じるかが重要です。反感を持ち始め、それが社会全体に広がると、企業はこの不満を抑えることができなくなります。

早晩、その事故の責任は、製品を設計し製造した企業に向けられるようになるでしょう。以前、乗用車のエアバッグを設計・製造していた会社が、不安全な製品を大量に世の中に流通させ、多くの人命が事故で失われることがありました。

その会社は責任を追及され、最終的に身売りすることになりました。これからの時代は、従来と比べて様々なセンサ部品により、事故が発生した瞬間の状態が記録されます。その記録から、事故の原因、引いてはその責任を特定しやすい時代になってきました。

ですから、無人化や自動化の分野で成長しようという技術系、製造系の企業は、自社の責任で生じた問題には真正面から向き合わざるを得ません。

企業の中には、経済性を重視し、安全リスクがあるにもかかわらず、事故が発生した時の記録をあえて取らないことを選ぶ企業もいるかもしれません。それを許容するか否かもやはり製品を使う個人や法人の意識にかかっています。

最初は安全性よりも経済性を重視する個人や法人が多いかもしれません。しかし、多くの人達が心の中でひそかに不安を感じていたならば、不安全性が現実になった瞬間、それまでの価値観を安全優先に一変させるでしょう。

『経済性を優先し、安全性の確保に必要なデータ取得をしない』という姿勢が社会から非難されるのは時間の問題であり、その姿勢を維持すれば、いずれ市場から追放される日がくるでしょう。

ここまでの話は安全性を強調して述べてきましたが、実は製品の品質全般に関わる話でもあります。そして、安全も品質も結局の所、企業を構成するひとり一人の意識や考え方によって良くも悪くもなるのです。そして、それを左右するのは企業における環境です。問題の根源は分業化の弊害にあります。分業として任された特定の範囲にだけ目がいき、品質を視る目も自然と限られてしまうのです。その結果、隣接する部分やシステム全体への影響に鈍感になってしまうのです。

これは、部品やソフトウェアにおける小さな不備が、実は製品の全体に及ぼす大問題であってもそれを見逃すことを意味します。これからの時代、専門性の深化はもちろん重要なのですが、同じくらい『複数の専門性を統合する専門性』も重要な時代になってきたと言えるのです。

今の所、『複数の専門性を統合する専門性』はプロジェクト・マネジャ、あるいはチーフエンジニアという人達の個人的能力に依存したマネジメントが主流です。しかし、技術が高度化して複雑化した時代には、個人の判断だけに依存するのはリスクがあり、それを支援するマネジメントの仕組みが不可欠です。

その仕組みはまず、複数の専門分野が交差する所にある致命的なリスクを人に気付かせ、次に成功と失敗の境目を具体的に明らかにし、最終的に境目を乗り越えるのに役立つものでなければなりません。

第1章で述べたN社はこの仕組みを導入し、大プロジェクトの問題は解消し、事業化に向けて大きく前に踏み出したという話を聞きました。第2章で述べたK社も、新事業市場に入るために必要な要求を理解し、プロジェクトの進め方を転換して良い方向に動き出したと聞きました。

もし、あなたが、「この製品開発は絶対に成功させたい」、あるいは、「管理している製品開発の成功確率を何とかして大きく高めたい」と考えているならば、本書で述べた方法を習得し、実践されることをお勧めします。

それはあなたが世界に羽ばたくための大きな助けになるでしょう。

あとがきに代えて

私がこの仕事を始めようとしたのは、20世紀から21世紀にかけて、日本の製造系・技術系の企業が安全性や品質面で悪い方向に変質し、その最前線で身体を張って頑張っている責任者の人達に、「隠蔽」のような暗い道ではなく、真当で明るい「別の道」がある事を示したかったからです。

事業はきれい事だけでは済まないのは確かです。とは言え、倫理的に超えてはいけない一線も確実に存在します。

企業としての利益を高めるため、この一線を上手に超えることが評価された時代もありました。しかし、それは過去のことであり時代は変わりました。

今日では倫理的な一線を守りつつ、その条件下において利益をあげることが評価される時代になったからです。

倫理的な一線を守ると述べましたが、これを実現する方法はシンプルです。古代ローマ時代からほとんど変わっていません。

責任を明確にすれば良いのです。

航空産業ではその製品が人命に直結しているため、常に責任分担を意識せざるを得ず、責任を明確にする仕組みが発達しました。何でも経営者の責任というわけではなく、どこに原因があったかを明らかにし、それが設計や生産の一部ならば、それを承認した技術系の責任者が責任を取る仕組みが確立されています。

これから自動化や無人化の時代が来ると予想しますが、そのような環境では、製造系・技術系企業の責任は従来とは比べものにならないくらい重くなるでしょう。

人に身体的な損傷を与えた場合には刑事罰が適用されますが、それは原則として個人に課される罰です。その責任の所在は、経営者なのか、製品開発の責任者なのか、品質保証の責任者なのか、あるいは特定の技術の責任者なのかが、厳しく追求される時代になるということです。

大抵の人達は、自分の責任問題だと認識していれば倫理的に馬鹿げたことはしません。その時々において、責任が誰の所にあるのかを誰の目にも分かるようにすれば、それだけで倫理的な問題の多くは改善するでしょう。

本書で述べてきた「製品開発における成功と失敗の境目を明らかにし、それを乗り越える」

方法は、製品開発の成功率を高めるためのものですが、結果的に責任の所在も明確にするため、企業内の倫理面をも改善すると信じて疑いません。

このような考え方は、私が35年以上、航空産業に従事していたからこそ得られた知見であり、そのような鍛錬の場を与え、さらには、在職しながら完全に独立した企業の起業を許可してくれた株式会社ＩＨＩに深い感謝の意を表したいと思います。

また、本書を書くことができたのは、ひとえにドラゴンコンサルティングの五藤万晶氏の指導があったからこそであり、その点を強調しておきたいと思います。ありがとうございました。大変、お世話になりました。

最後に、どんな時も私を支えてくれた妻の周子と娘たちに感謝の言葉を捧げたいと思います。ありがとう。

２０２４年　３月吉日

株式会社アイリスマネジメント　代表取締役　今成 邦之

著者　今成　邦之　Kuniyuki Imanari

製品開発の専門コンサルタント。株式会社アイリスマネジメント代表取締役。開発の現場、マネジメントに35年以上携わり、難航する巨大プロジェクトを次々と成功させてきた実力者。

遅延、とん挫しそうになった数々のケースを立ち直らせる過程において、それらが起こる根本原因と対策法を発見し、アイリスマネジメント法として体系化。いま日本はもとより国際的に注目されるコンサルタント。

出身は株式会社ＩＨＩの航空宇宙事業部門であり、約35年間勤務。技術部長、技術開発センター副所長を歴任。その後、航空宇宙事業トップにアドバイスする技監として、製品設計および技術の品質を守る最後の砦として活躍。

退職後も、ＩＨＩの航空宇宙製品における設計審査委員長や要素技術の技術審査委員長として活動している。

東京都出身。東京大学大学院航空学修了。

小社 エベレスト出版について

「一冊の本から、世の中を変える」――当社は、鋭く専門性に富んだビジネス書を、世に発信するために設立されました。当社が発行する書籍は、非常に粗削りかもしれません。熟成度や完成度で言えばまだまだ低いかもしれません。しかし、

・リーダー層に対して「強いメッセージ性」があるもの
・著者の独自性、著者自身が生み出した特徴があること
・世の中を良く変える、考えや発想、アイデアがあること

を基本方針として掲げて、そこにこだわった出版を目指します。

あくまでも、リーダー層、経営者層にとって響く一冊。その一冊から経営が変わるかもしれない一冊。著者とリーダー層の新しい結び付きのきっかけのために、当社は全力で書籍の発行をいたします。

わが社の「絶対に失敗できない製品開発」で、
安全・納期・コストを95%以上で必ず成立させる法

定価：本体3、080円（10%税込）

2024年5月17日　初版印刷
2024年6月4日　初版発行

著　者　今成邦之（いまなりくにゆき）
発行人　神野啓子
発行所　株式会社 エベレスト出版
〒101-0052
東京都千代田区神田小川町1-8-3-3F
TEL 03-5771-8285
FAX 03-6869-9575
http://www.ebpc.jp

発　売　株式会社 星雲社（共同出版社・流通責任出版社）
〒112-0005
東京都文京区水道1-3-30
TEL 03-3868-3275

印　刷　株式会社 精興社　　装　丁　MIKAN-DESIGN
製　本　株式会社 精興社　　本　文　北越紀州製紙

 ISBN 978-4-434-34097-0